2019

GUANGXI JIAOYU SHIYE
SHUJU FENXI

广西教育事业数据分析

广西壮族自治区教育厅教育数据分析中心　著

广西人民出版社

图书在版编目（CIP）数据

2019广西教育事业数据分析 / 广西壮族自治区教育厅教育数据分析中心著 . — 南宁：广西人民出版社，2020.12
ISBN 978-7-219-11109-3

Ⅰ．① 2… Ⅱ．①广… Ⅲ．①地方教育—教育事业—数据—分析—广西—2019 Ⅳ．① G527.67

中国版本图书馆 CIP 数据核字（2020）第 224318 号

责任编辑　姚龙生
责任校对　梁凤华
版式设计　翁襄媛
责任排版　李宗娟

出版发行　广西人民出版社
社　　址　广西南宁市桂春路 6 号
邮　　编　530021
印　　刷　广西雅图盛印务有限公司
开　　本　787mm×1092mm　1 / 16
印　　张　13.25
字　　数　200 千字
版　　次　2020 年 12 月　第 1 版
印　　次　2020 年 12 月　第 1 次印刷
书　　号　ISBN 978-7-219-11109-3
定　　价　35.00 元

编委会名单

前　言

　　党的十九大强调建设教育强国是中华民族伟大复兴的基础工程，全面贯彻党的教育方针，落实立德树人根本任务，发展素质教育，推进教育公平，培养德智体美劳全面发展的社会主义建设者和接班人。今后我国教育发展的具体任务是："推动城乡义务教育一体化发展，高度重视农村义务教育，办好学前教育、特殊教育和网络教育，普及高中阶段教育，努力让每个孩子都能享有公平而有质量的教育。完善职业教育和培训体系，深化产教融合、校企合作。加快一流大学和一流学科建设，实现高等教育内涵式发展。"

　　广西努力办好人民满意的教育，以培养担当民族复兴大任的时代新人为着眼点，持续扩大教育经费的投入，坚持教育对外开放，教育现代化进程不断加快。2018年，实施教育提升八大工程，推进"十百千万"建设计划，包括重点建设10所特色鲜明的本科高校和10所国内一流职业院校，新建扩建100所以上普通高中学校，着力打造100所自治区示范特色中等职业学校，创建1000所示范幼儿园，推进建设10000所标准化义务教育学校。2019年，广西坚定不移地实施科教兴桂和人才强桂战略，印发了《广西教育现代化2035》等一系列文件，包括推动学前教育普惠发展，推进10000所义务教育学校达到办学标准，新建改扩建100所以上普通高中，重点支持建设10所左右国内一流水平的高等职业院校和30个高水平高职专业群，推进100所高校建设等内容。

　　《2019广西教育事业数据分析》将2019年教育事业分为两大模块，即教育事业规模和教育经费，涵盖了学前教育、义务教育、高中与职业教育、高等教育、民办教育及国际教育等方面的内容。较

2018年的数据分析，2019年的数据分析围绕各阶段教育发展的主题，对部分指标进行了修正，使论证更翔实更明晰。

同时，本书采用全国31个省（自治区、直辖市）、广西全区、广西14个地级市这三个层面的数据作横向对比，将2014年至2019年6年数据作纵向比较的方法，通过图、表、文字等形式直观呈现广西教育事业静态及动态的发展情况。

本书的数据来源主要有：

1.年鉴数据，包括《中国统计年鉴》《中国教育年鉴》《中国教育经费统计年鉴》《全国教育事业简明统计》《广西统计年鉴》《广西教育年鉴》《广西教育事业统计资料》《广西教育经费统计资料》等材料中的权威数据。

2.上报数据，包括厅机关处室统计数据、各级学校上报给教育厅的数据等。

3.研究性数据，包括课题研究、项目研究、专题研究、调研报告、权威刊物等中的研究性数据。

本书参照人民教育出版社的全日制普通高级中学教材《地理（第二册）》（人民教育出版社2006年版）将广西归入西南地区。因此中南地区为河南、湖北、湖南、广东、海南等5个省；西南地区为广西、四川、云南、贵州、重庆、西藏等6个省（自治区、直辖市）。

教育事业数据涉及面广，工作量大，因此在资料的收集、整理、编排等环节上难免存在不足，诚请广大读者批评指正。

广西壮族自治区教育厅教育数据分析中心

2020年6月

目 录 / contents

六、中等职业教育   180

七、高等教育   187

第一部分 广西教育规模

一、学前教育

（一）教育规模

1. 2014—2019 年广西学前教育幼儿园数、在园儿童数、招生数比较

年份/指标	幼儿园数/所	在园儿童数/人	招生数/人
2014年	9336	1973352	1192230
2015年	10397	2069015	1199990
2016年	11013	2096356	1151089
2017年	11787	2139862	1094606
2018年	12544	2197977	1112474
2019年	13112	2167734	894778
2019年较2014年增加数量	3776	194382	−297452

数据来源：2014—2019年广西教育事业统计报表。

注：2015年幼儿园数不含空壳幼儿园。

2014年至2019年，在广西学前教育规模中，幼儿园数依次增加了1061所、616所、774所、757所、568所，依次增长了11.36%、5.92%、7.03%、6.42%、4.53%，年均增长率为7.03%；在园儿童数依次增加了95663人、27341人、43506人、58115人、−30243人，依次增长了4.85%、1.32%、2.08%、2.72%、−1.38%，年均增长率为1.90%；招生数依次增加了7760人、−48901人、−56483人、17868人、−217696人，依次增长了0.65%、−4.08%、−4.91%、1.63%、−19.57%，年均增长率为−5.58%。

2. 2019年广西各市学前教育幼儿园数、在园儿童数、园均规模比较

地区	幼儿园数/所	在园儿童数/人	园均规模/（人/所）
广西全区	13112	2167734	165.32
南宁市	1757	325607	185.32
柳州市	908	147689	162.65
桂林市	1050	181365	172.73
梧州市	718	134147	186.83
北海市	398	82465	207.20
防城港市	321	47402	147.67
钦州市	315	137089	435.20
贵港市	1133	200109	176.62
玉林市	1961	310608	158.39
百色市	1292	173593	134.36
贺州市	610	97283	159.48
河池市	1082	157274	145.35
来宾市	1010	88930	88.05
崇左市	557	84173	151.12

数据来源：2019年广西教育事业统计报表。

2019年，从幼儿园数来看，全区各市的平均值为937所，其中数量居前三位的是玉林市、南宁市、百色市，分别比均值多1024所、820所、355所，数量居后三位的是钦州市、防城港市、北海市，分别比均值少622所、616所、539所，数量最少的钦州市与数量最多的玉林市相差1646所。从在园儿童数来看，各市的平均值为154838.14人，其中居前三位的是南宁市、玉林市、贵港市，分别比均值多170768.86人、155769.86人、45270.86人，居后三位的是防城港市、北海市、崇左市，分别比均值少107436.14人、72373.14人、70665.14人，数量最少的防城港与数量最多的南宁市相差278205人。全区的园均规模为165.32人/所，其中数量居前三位的是钦州市、北海市、梧州市，分别比全区园均规模多269.88人/所、41.88人/所、21.51人/所。

3. 2019年广西城市、县镇、农村幼儿园在园儿童数比较

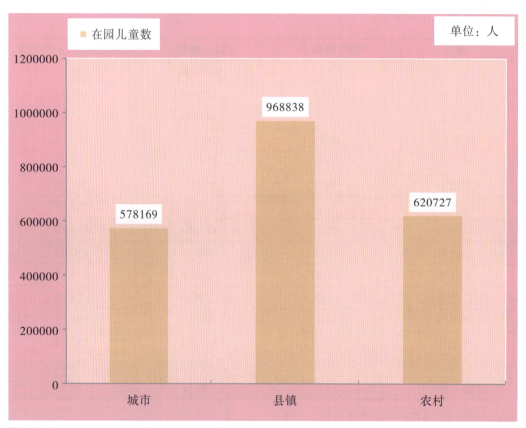

数据来源：2019年广西教育事业统计报表。

　　2019年广西幼儿园在园儿童数中，城市、县镇和农村分别为578169人、968838人、620727人，人数最多的为县镇，人数最少的为城市；县镇在园儿童数比城市多390669人，是城市的1.68倍；县镇在园儿童数比农村多348111人，是农村的1.56倍；农村的在园儿童数比城市多42558人，是城市的1.07倍。

（二）教师数量与结构

1. 2014—2019年广西学前教育教职工总数、专任教师数、在园儿童数及生师比比较

年份	教职工总数/人	专任教师数/人	在园儿童数/人	生师比
2014年	112347	61256	1973352	32.21
2015年	126788	68407	2069015	30.25
2016年	140128	74163	2096356	28.27
2017年	157053	82306	2139862	26.00
2018年	174013	89464	2197977	24.57
2019年	187602	95805	2167734	22.63

数据来源：2014—2019年广西教育事业统计报表。

2014年至2019年，广西学前教育教职工总数依次增加了14441人、13340人、16925人、16960人、13589人，依次增长了12.85%、10.52%、12.08%、10.80%、7.81%，年均增长率为10.80%。专任教师数依次增加了7151人、5756人、8143人、7158人、6341人，依次增长了11.67%、8.41%、10.98%、8.70%、7.09%，年均增长率为9.36%。在园儿童数依次增加了95663人、27341人、43506人、58115人、−30243人，依次增长了4.85%、1.32%、2.08%、2.72%、−1.38%，年均增长率为1.90%。生师比2014年至2019年生师比分别下降了1.97、1.98、2.27、1.43、1.94。2019年与2014年相比，广西学前教育教职工总数、专任教师数、在园儿童数依次增加了75255人、34549人、194382人，依次增长了66.98%、56.40%、9.85%；生师比下降了9.58%。

2. 2014—2019年广西学前教育专任教师学历结构、职称结构比较

单位：人

年份	总人数	按学历分		按职称分		
		大专及以上	高中以下（含高中）	中级及以上	员级至助理级	未评职称
2014年	61256	38899	22357	4309	7273	49674
2015年	68407	45770	22637	4313	7535	56559
2016年	74163	51222	22941	4249	7414	62500
2017年	82306	57313	24993	3447	7702	71157
2018年	89464	63652	25812	3079	8623	77762
2019年	95805	69871	25934	4675	7854	83276

数据来源：2014—2019年广西教育事业统计报表。

　　2014年至2019年，广西学前教育专任教师总人数依次增加了7151人、5756人、8143人、7158人、6341人，依次增长了11.67%、8.41%、10.98%、8.70%、7.09%，年均增长率为9.36%。2019年与2014年相比，专任教师总人数增加了34549人，增长了56.40%。其中：大专以上学历的专任教师数增加了30972人，增长了79.62%；高中以下（含高中）专任教师数增加了3577人，增长了16.00%。中级及以上职称专任教师人数增加了366人，增长了8.49%；员级至助理级职称的专任教师数增加了581人，增长了7.99%；未评职称专任教师数增加了33602人，增长了67.65%。2019年与2018年相比，广西学前教育专任教师总人数增加了6341人，增长了7.09%。

3. 2014—2019年广西城市、县镇、农村幼儿园园长人数比较

单位：人

年份	园长总数	城市幼儿园园长数	县镇幼儿园园长数	农村幼儿园园长数
2014年	11369	2883	4687	3799
2015年	12118	3030	5113	3975
2016年	12911	3550	5337	4024
2017年	13704	3873	5611	4220
2018年	14570	4042	5956	4572
2019年	15112	4375	6110	4627

数据来源：2014—2019年广西教育事业统计报表。

　　2014年至2019年，广西幼儿园园长总数依次增加了749人、793人、793人、866人、542人，依次增长了6.59%、6.54%、6.14%、6.32%、3.72%，年均增长率为5.86%。其中：城市幼儿园园长人数依次增加了147人、520人、323人、169人、333人，增长率依次为5.10%、17.16%、9.10%、4.36%、8.24%，年均增长8.70%；县镇幼儿园园长人数依次增加了426人、224人、274人、345人、154人，依次增长了9.09%、4.38%、5.13%、6.15%、2.59%，年均增长5.45%；农村幼儿园的园长人数依次增加了176人、49人、196人、352人、55人，依次增长了4.63%、1.23%、4.87%、8.34%、1.20%，年均增长率为4.02%。

4. 2014—2019年广西学前教育幼儿园园长发展状况比较

单位：人

年份	总人数	按学历分		按职称分		
		大专及以上	高中以下（含高中）	中级及以上	员级至助理级	未评职称
2014年	11369	9535	1834	1481	1977	7911
2015年	12118	10528	1590	1505	2019	8594
2016年	12911	11547	1364	1517	1970	9424
2017年	13704	12443	1261	1349	2027	10328
2018年	14570	13522	1048	1339	2125	11106
2019年	15112	14133	979	2062	1283	11767

数据来源：2014—2019年广西教育事业统计报表。

2014年至2019年，广西学前教育园长总人数依次增加了749人、793人、793人、866人、542人，依次增长了6.59%、6.54%、6.14%、6.32%、3.72%。2019年与2014年相比，广西学前教育幼儿园园长大专及以上学历人数增加了4598人，增长了48.22%；高中以下（含高中）学历人数减少了855人，降低了46.62%；中级及以上职称人数增加了581人，增长了39.23%；员级至助理级职称人数减少了694人，降低了35.10%；未评职称人数增加了3856人，增长了48.74%。2019年与2018年相比，广西学前教育幼儿园园长大专及以上学历人数增加了611人，增长了4.52%；高中以下（含高中）学历人数减少了69人，降低了6.58%；中级及以上职称人数增加了723人，增长了54.00%；员级至助理级职称人数减少了842人，降低了39.62%；未评职称人数增加了661人，增长了5.95%。

二、义务教育

（一）教育规模

1. 2014—2019年广西普通小学学校数、在校生数、招生数、毕业生数、校均规模比较

指标	2014年	2015年	2016年	2017年	2018年	2019年
学校数/所	12946	11849	10173	8454	8054	8036
在校生数/人	4318063	4401037	4513712	4637548	4767771	4950349
招生数/人	749653	770786	812929	837008	859697	932910
毕业生数/人	675366	673581	698537	713555	730996	752393
校均规模/（人/校）	333.54	371.43	443.70	548.56	591.98	616.02

数据来源：2014—2019年广西教育事业统计报表。

2019年与2014年相比，广西普通小学在校生数增长率为14.64%，年均增长2.77%；招生数增长率为24.45%，年均增长4.47%；毕业生数增长率为11.41%，年均增长2.18%；校均规模增长了84.69%，年均增长13.05%。2019年与2018年相比，广西普通小学学校数下降率为0.22%，在校生增长率为3.83%，招生数增长率为8.52%，毕业生数增长率为2.93%，校均规模增长率为4.06%。

2. 2014—2019年广西各市普通小学学校数比较

单位：所

地区	2014年	2015年	2016年	2017年	2018年	2019年
广西全区	12946	11849	10173	8454	8054	8036
南宁市	1451	1379	1266	1157	1091	1102
柳州市	670	577	329	339	335	349
桂林市	1138	855	585	559	533	537
梧州市	894	899	720	672	519	524
北海市	392	386	384	326	328	326
防城港市	262	254	237	160	152	153
钦州市	1080	1082	1081	1004	1003	1004
贵港市	1139	1144	1065	855	846	817
玉林市	1475	1423	1388	1339	1281	1294
百色市	1278	1189	955	528	472	429
贺州市	692	647	524	316	317	321
河池市	1370	1339	1107	709	692	694
来宾市	400	306	219	223	221	219
崇左市	705	369	313	267	264	267

数据来源：2014—2019年广西教育事业统计报表。

2019年，广西各市普通小学学校数的平均值为574所，其中居前三位的是玉林市、南宁市、钦州市，分别比均值多720所、528所、430所，最高的玉林市与最低的防城港市之差为1141所。2019年与2018年相比，广西各市普通小学学校数增加量居前三位的是柳州市、玉林市、南宁市，分别增加了14所、13所、11所，依次增加了4.18%、1.01%、1.01%。2019年与2014年相比，广西各市普通小学学校数减少量居前三位的是百色市、河池市、桂林市，分别减少了849所、676所和601所，依次降低了66.43%、49.34%、52.81%。

3. 2014—2019 年广西各市普通小学在校生数比较

单位：人

地区	2014年	2015年	2016年	2017年	2018年	2019年
广西全区	4318063	4401037	4513712	4637548	4767771	4950349
南宁市	567001	591885	616679	646844	684641	730912
柳州市	287133	296109	300959	303737	309723	318118
桂林市	337489	352591	368132	379159	389321	399333
梧州市	282141	281935	285466	289614	297054	313988
北海市	153007	154474	156867	161360	164727	170355
防城港市	87650	89784	92926	97029	101551	107242
钦州市	342580	342940	354302	367260	382798	404599
贵港市	442354	444504	450321	462853	471075	481907
玉林市	598032	602748	620021	648496	672566	705313
百色市	342374	345228	346051	341571	335133	333214
贺州市	182713	191644	202599	212964	224369	236126
河池市	347199	353540	360677	364761	367286	372780
来宾市	178686	182944	186790	190523	195521	202069
崇左市	169704	170711	171922	171377	172006	174393

数据来源：2014—2019 年广西教育事业统计报表。

2019 年与 2018 年相比，广西各市普通小学在校生数除百色市有所减少外，均有所增长，增加数居前三位的是南宁市、玉林市、钦州市，分别增加了 46271 人、32747 人、21801 人，增长了 6.76%、4.87%、5.70%。2019年与 2014 年相比，广西各市普通小学在校生数除百色市有所减少外，其他城市均有所增加。增加数居前三位的是南宁市、玉林市、钦州市，分别增加了 163911 人、107281 人、62019 人，增长了 28.91%、17.94%、18.10%。

4. 2014—2019年广西各市普通小学招生数比较

单位：人

地区	2014年	2015年	2016年	2017年	2018年	2019年
广西全区	749653	770786	812929	837008	859697	932910
南宁市	102799	108809	114786	120697	131701	146938
柳州市	50997	50007	50623	51331	54170	59628
桂林市	63937	62451	65396	66376	68879	73296
梧州市	46380	47294	50382	51111	54989	65778
北海市	25525	26821	28107	29244	29849	32631
防城港市	14780	15438	17235	18006	19294	21539
钦州市	57018	60675	69397	68720	70499	78547
贵港市	73376	77352	79568	86524	82240	85743
玉林市	101057	108849	117610	128022	125182	132194
百色市	57370	55537	55179	53482	53790	56963
贺州市	34028	37481	39937	40384	42558	44181
河池市	60739	58669	62909	61940	61908	65722
来宾市	31443	33137	33276	33244	35269	37060
崇左市	30204	28266	28524	27927	29369	32690

数据来源：2014—2019年广西教育事业统计报表。

　　2019年与2018年相比，广西各市普通小学招生人数增加量居前三位的是南宁市、梧州市、钦州市，分别增加了15237人、10789人、8048人，分别增长了11.57%、19.62%、11.42%。2019年与2014年相比，广西各市普通小学招生人数增加人数居前三位的是南宁市、玉林市、钦州市，分别增加了44139人、31137人、21529人，分别增长了42.94%、30.81%、37.76%。

5. 2014—2019年广西各市普通小学毕业生数比较

单位：人

地区	2014年	2015年	2016年	2017年	2018年	2019年
广西全区	675366	673581	698537	713555	730996	752393
南宁市	83699	83824	90765	93781	95685	102841
柳州市	41255	42145	46256	49360	49268	51201
桂林市	44980	46618	50961	55607	58752	63188
梧州市	46798	46307	46382	46569	46735	48640
北海市	24467	24217	24861	25123	25577	25784
防城港市	13509	13577	14076	14084	15594	15817
钦州市	63138	59737	57547	55478	55266	57400
贵港市	77382	74167	73258	72271	74543	74929
玉林市	100594	98457	99110	97253	98356	99181
百色市	52332	52726	54792	58222	61206	60004
贺州市	27655	27225	28466	29563	30866	31964
河池市	49247	51562	55879	58385	60113	60860
来宾市	26342	27395	29450	30151	30758	30585
崇左市	23968	25624	26734	27708	28277	29999

数据来源：2014—2019年广西教育事业统计报表。

　　2019年，广西各市普通小学毕业生数的平均值为53742.36人，居前三位的是南宁市、玉林市、贵港市，分别比均值多49098.64人、45438.64人、21186.64人，最高的南宁市与最低的防城港市之差为87024人。2019年与2018年相比，各市普通小学毕业生数增长居前三位的分别是南宁市、桂林市、钦州市，分别增加了7156人、4436人、2134人，增长了7.48%、

7.55%、3.86%。2019年与2014年相比，广西各市普通小学毕业生数增长的有南宁市、桂林市、河池市、柳州市、百色市、崇左市、贺州市、来宾市、防城港市、梧州市、北海市，分别增加了19142人、18208人、11613人、9946人、7672人、6031人、4309人、4243人、2308人、1842人、1317人，分别增长了22.87%、40.48%、23.58%、24.11%、14.66%、25.16%、15.58%、16.11%、17.08%、3.94%、5.38%，其余各市毕业生数均减少。

6. 2014—2019年广西各市普通小学校均规模比较

单位：人/所

地区	2014年	2015年	2016年	2017年	2018年	2019年
广西全区	333.54	371.43	443.70	548.56	591.98	616.02
南宁市	390.77	429.21	487.11	559.07	627.54	663.26
柳州市	428.56	513.19	914.77	895.98	924.55	911.51
桂林市	296.56	412.39	629.29	678.28	730.43	743.64
梧州市	315.59	313.61	396.48	430.97	572.36	599.21
北海市	390.32	400.19	408.51	494.97	502.22	522.56
防城港市	334.54	353.48	392.09	606.43	668.10	700.93
钦州市	317.20	316.95	327.75	365.80	381.65	402.99
贵港市	388.37	388.55	422.84	541.35	556.83	589.85
玉林市	405.45	423.58	446.70	484.31	525.03	545.06
百色市	267.90	290.35	362.36	646.91	710.03	776.72
贺州市	264.04	296.20	386.64	673.94	707.79	735.60
河池市	253.43	264.03	325.81	514.47	530.76	537.15
来宾市	446.72	597.86	852.92	854.36	884.71	922.69
崇左市	240.71	462.63	549.27	641.86	651.54	653.16

数据来源：2014—2019年广西教育事业统计报表。

2019年，广西各市普通小学校均规模为616.02人/所，其中居前三位的是来宾市、柳州市、百色市，分别比广西校均规模多306.67人/所、295.49人/所、160.70人/所，最高的来宾市与最低的钦州市之差为519.70人/所。2019年与2018年相比，广西各市普通小学校均规模增加量居前三位的是百色市、来宾市和南宁市，分别增加了66.69人/所、37.98人/所、35.72人/所。2019年与2014年相比，广西各市普通小学校均规模均有所增加，增幅居前三位的是百色市、柳州市、来宾市，分别增加了508.82人/所、482.95人/所、475.97人/所，增长了189.93%、112.69%和106.55%。

7. 2014—2019年广西各市寄宿制小学在校生数比较

单位：人

地区	2014年	2015年	2016年	2017年	2018年	2019年
广西全区	1076627	1066722	1065104	1066541	1073931	1054629
南宁市	132920	134015	136865	138758	145828	145320
柳州市	67537	70661	70764	69990	71554	69531
桂林市	114888	122753	126726	132193	131988	130183
梧州市	58797	52035	49800	51192	50875	46821
北海市	5053	3299	2644	2718	3360	5001
防城港市	16820	15363	15397	15132	14306	13783
钦州市	14391	17015	19637	18888	21711	22827
贵港市	20734	18380	18581	18368	21908	23011
玉林市	81076	61842	49527	45204	45970	45775
百色市	201888	195775	192194	178199	170009	159243
贺州市	27989	28337	34701	57039	56832	61956
河池市	179875	181842	179068	176404	174717	167287
来宾市	49584	62060	70805	73284	75898	77153
崇左市	105075	103345	98395	89172	88975	86738

数据来源：2014—2019年广西教育事业统计报表。因计算口径调整，表中数据与往年《广西教育事业数据分析》或有出入。

2019年，广西各市普通小学寄宿制在校生数平均值为75330.64人，其中居前三位的是河池市、百色市、南宁市，分别比均值多91956.36人、83912.36人、69989.36人，最高的河池市与最低的北海市之差为162286人。2019年与2014年相比，广西各市普通小学寄宿制在校生数增加量居前三位的是贺州市、来宾市和桂林市，依次增加了33967人、27569人、15295人，增长率依次为121.36%、55.60%、13.31%。

8. 2019年广西城市、县镇、农村普通小学在校生数、招生数、毕业生数比较

单位：人

地区/指标	在校生数	招生数	毕业生数
城市	1275749	260724	174095
县镇	1836803	331971	298414
农村	1837797	340215	279884
合计	4950349	932910	752393

数据来源：2019年广西教育事业统计报表。

2019年广西普通小学在校生中，人数最多的是农村，为1837797人，比城市多出562048人，比县镇多出994人，城市、县镇、农村在校生数占总在校生数的比例分别为：25.77%、37.10%、37.12%。2019年广西普通小学招生数中，人数最多的是农村，比城市多出79491人，比县镇多出8244人，城市、县镇、农村招生数占总招生数的比例分别为：27.95%、35.58%、36.47%。2019年广西普通小学毕业生数中，人数最多的是县镇，比城市多124319人，比农村县镇多18530人，城市、县镇、农村毕业生数占总毕业生的比例分别为：23.14%、39.66%、37.20%。

9. 2014—2019年广西各市普通小学46—55人班额的班数比较

单位：个

地区	2014年	2015年	2016年	2017年	2018年	2019年
广西全区	20907	21499	24583	30313	36323	44798
南宁市	4116	4374	5040	5864	7042	8354
柳州市	2164	2188	2430	2402	2624	3032
桂林市	1900	1984	2116	2383	2858	3533
梧州市	1124	1111	1275	1512	2097	2610
北海市	745	852	913	1193	1502	1667
防城港市	455	374	394	467	604	943
钦州市	1293	1323	1358	1561	1955	2573
贵港市	1605	1091	1631	2688	3332	3875
玉林市	2068	2087	2171	2605	3558	5632
百色市	1502	1533	2029	3342	3446	3715
贺州市	855	1083	1318	1643	1903	2151
河池市	1402	1542	1632	2069	2274	2964
来宾市	777	948	1085	1228	1556	1836
崇左市	901	1009	1191	1356	1572	1913

数据来源：2014—2019年广西教育事业统计报表。

2019年，广西各市普通小学46—55人班额的班数居前三位的分别是南宁市、玉林市、贵港市，分别为8354个班、5632个班和3875个班；2019年与2018年相比，广西各市普通小学46—55人班额的班数均有所增加，其中增长率居前三位的是玉林市、防城港市、钦州市，分别为58.29%、56.13%和31.61%。

10. 2014—2019年广西各市普通小学56—65人班额的班数比较

单位：个

地区	2014年	2015年	2016年	2017年	2018年	2019年
广西全区	11169	11287	12294	12388	11818	6928
南宁市	1395	1558	1459	1367	959	550
柳州市	891	1035	984	1000	830	546
桂林市	782	905	1047	1202	1374	752
梧州市	916	895	898	792	623	448
北海市	590	481	521	530	305	199
防城港市	373	457	447	630	656	446
钦州市	766	706	878	984	1312	955
贵港市	754	708	710	834	487	255
玉林市	1253	1302	1570	2345	2799	1322
百色市	1269	1290	1351	360	483	167
贺州市	353	276	306	121	100	45
河池市	663	745	749	788	741	407
来宾市	429	254	730	800	696	597
崇左市	735	675	644	635	453	239

数据来源：2014—2019年广西教育事业统计报表。

2019年，广西各市普通小学56—65人班额的班数居前三位的分别是玉林市、钦州市、桂林市，分别为1322个班、955个班和752个班；2019年与2018年相比，广西各市普通小学56—65人班额的班数，各个市班数均在减少，其中减少班数居前三的是玉林市、桂林市、南宁市，分别为1477个班、622个班、409个班，其中减少率居前三位的是百色市、贺州市和玉林市，分别为65.42%、55.00%、52.77%。

11. 2014—2019年广西各市普通小学66人及以上班额的班数比较

单位：个

地区	2014年	2015年	2016年	2017年	2018年	2019年
广西全区	5442	5656	4630	2635	319	18
南宁市	222	206	165	47	0	0
柳州市	89	107	36	9	0	0
桂林市	501	533	559	468	18	1
梧州市	227	248	229	234	47	17
北海市	166	163	111	19	0	0
防城港市	125	131	201	21	4	0
钦州市	397	506	492	422	0	0
贵港市	770	636	306	1	0	0
玉林市	1252	1393	1489	1120	250	0
百色市	712	790	487	35	0	0
贺州市	67	20	14	0	0	0
河池市	403	422	441	227	0	0
来宾市	318	353	19	1	0	0
崇左市	193	148	81	31	0	0

数据来源：2014—2019年广西教育事业统计报表。

2019年，广西各市普通小学66人及以上班额的班数居前二位的分别是梧州市、桂林市，分别为17个班、1个班；2019年与2018年相比，各个市班数均在减少，其中减少数居前三位的是玉林市、梧州市和桂林市，分别减少250个班、30个班和17个班；降低率居前三位的是玉林市、防城港市和桂林市，分别为100%、100%和94.44%。

12. 2014—2019年广西普通小学城市、县镇、农村46—55人班额的班数比较

单位：个

地区/指标	2014年	2015年	2016年	2017年	2018年	2019年
城市	6099	6524	8012	10108	12642	16420
县镇	8279	8722	10075	13139	16159	20947
农村	6619	6253	6496	7066	7522	7431
合计	20907	21499	24583	30313	36323	44798

数据来源：2014—2019年广西教育事业统计报表。

　　2019年广西普通小学城市、县镇、农村46—55人班额的班数最多的是县镇，为20947个班，比城市多出4527个班，比农村多出13516个班。城市、县镇、农村46—55人班额的班数占总班额的班数的比例分别为36.65%、46.76%、16.59%。2019年与2014年相比，广西普通小学46—55人班额的班数，城市、县镇和农村均有所增加，分别增加10321个班、12668个班和812个班，总体增加23891个班，年均增长率分别为21.91%、20.40%和2.34%，总体年均增长率为16.46%。

13. 2014—2019年广西普通小学城市、县镇、农村56—65人班额的班数比较

单位：个

地区/指标	2014年	2015年	2016年	2017年	2018年	2019年
城市	3468	3347	4282	4460	4227	2923
县镇	5649	5923	6150	6263	6277	3433
农村	2052	2017	1862	1665	1314	572
合计	11169	11287	12294	12388	11818	6928

数据来源：2014—2019年广西教育事业统计报表。

2019年广西普通小学城市、县镇、农村56—65人班额的班数最多的是县镇，为3433个班，比城市多出510个班，比农村多出2861个班。城市、县镇、农村56—65人班额的班数占总班额的班数的比例分别为42.19%、49.55%、8.26%。2019年与2014年相比，广西普通小学56—65人班额的班数，城市减少545个、县镇减少2216个、农村减少了1480个班，下降率分别为15.72%、39.23%、72.12%，总体减少4241个，年均减少率分别为3.36%、9.48%、22.55%，总体年均减少率为9.11%。

14. 2014—2019年广西普通小学城市、县镇、农村66人及以上班额的班数比较

单位：个

地区/指标	2014年	2015年	2016年	2017年	2018年	2019年
城市	1738	1803	1487	919	226	0
县镇	2848	3079	2718	1530	80	17
农村	856	774	425	186	13	1
合计	5442	5656	4630	2635	319	18

数据来源：2014—2019年广西教育事业统计报表。

2019年广西普通小学城市、县镇、农村66人及以上班额的班数最多的是县镇，为17个班，比城市多出17个班，比农村多出16个班。城市、县镇、农村66人及以上班额的班数占总班额的班数的比例分别为0%、94.44%、5.56%。2019年与2014年相比，广西普通小学66人及以上班额的班数，城市、县镇、农村均有所减少，分别减少1738个班、2831个班、855个班，下降率分别为100%、99.40%、99.88%，总体减少5424个班，总体下降率为99.67%。

15. 2018年广西与国内其他省（自治区、直辖市）普通小学招生数、在校生数比较

单位：人

地区	招生数	在校生数	地区	招生数	在校生数
全国	18672970	103392541	山东	1296436	7259706
广西	859697	4767771	河南	1735639	9945951
北京	184339	913216	湖北	672176	3665794
天津	127340	673188	湖南	930488	5219847
河北	1218551	6588456	广东	1888110	9883724
山西	400913	2284991	海南	152947	831869
内蒙古	235740	1341863	重庆	341190	2095361
辽宁	342134	1954825	四川	952217	5554589
吉林	201272	1201872	贵州	675210	3717297
黑龙江	221795	1318982	云南	664394	3795120
上海	182522	800222	西藏	59777	326334
江苏	1022294	5604407	陕西	513552	2656120
浙江	661772	3605686	甘肃	344889	1896471
安徽	817793	4568379	青海	90992	486026
福建	608371	3213945	宁夏	99979	581495
江西	701928	4212208	新疆	468513	2426826

数据来源：2018年中国统计年鉴。

2018年，全国除港澳台地区外，普通小学招生数的均值为602353.87人，其中最高的是广东省，最低的是西藏自治区，两者相差1828333人，广西招生数在全国居第8位，比最高的广东省少1028413人，比最低的西藏自治区多799920人；普通小学在校生数的均值为3335243.26人，其中最高的是河南省，最低的是西藏自治区，两者相差9619617人，广西在校生数在全国居第8位，比最多的河南省少5178180人，比最低的西藏自治区多4441437人。

16. 2018年广西与中南地区、西南地区其他省（自治区、直辖市）普通小学招生数比较

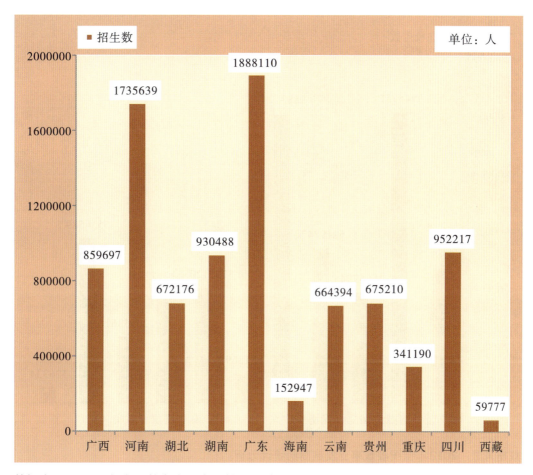

数据来源：2018年全国教育事业发展简明统计分析。

2018年，普通小学招生数中，中南地区五省中最高的是广东省，最低的海南省，两者相差1735163人；广西与中南地区五省相比居第4位，比最高的广东省少1028413人，比最低的海南省多706750人。西南地区六个省级单位中最高的是四川省，最低是西藏自治区，两者相差892440人；广西在西南地区六个省级单位中居第2位，比最高的四川省少92520人，比最低的西藏自治区多799920人。在中南区和西南区十一个省级单位中，广西居第5位。

17. 2018年广西与中南地区、西南地区其他省（自治区、直辖市）普通小学在校生数比较

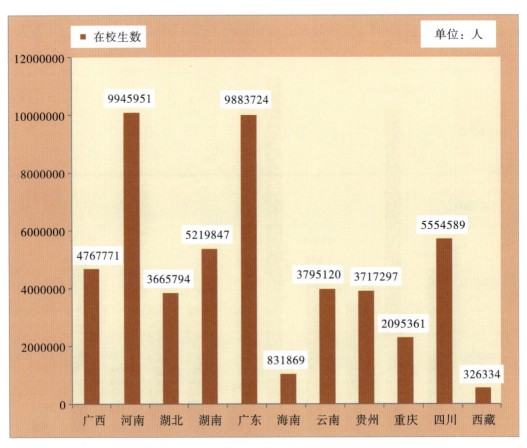

数据来源：2018年全国教育事业发展简明统计分析。

　　2018年，普通小学在校生数中，中南地区五省中最高的是河南省，最低的是海南省，两者相差9114082人；广西与中南地区五省相比居第4位，比最高的河南省少5178180人，比最低的海南省多3935902人。西南地区六个省级单位中最高的是四川省，最低是西藏自治区，两者相差5228255人；广西在西南地区六个省级单位中居第2位，比最高的四川省少786818人，比最低的西藏自治区多4441437人。在中南地区和西南地区十一个省级单位中，广西居第5位。

18. 2014—2019年广西普通初中学校数、在校生数、招生数、毕业生数、校均规模比较

指标	2014年	2015年	2016年	2017年	2018年	2019年
学校数/所	1843	1839	1812	1757	1743	1753
在校生数/人	1950844	1963062	1987540	2034632	2126353	2204864
招生数/人	664386	669098	697326	712207	737510	760083
毕业生数/人	618574	627520	649589	637407	639584	681181
校均规模/（人/所）	1058.52	1067.46	1096.88	1158.01	1219.94	1257.77

数据来源：2014—2019年广西教育事业统计报表。

　　2019年与2014年相比，广西普通初中在校生数、招生数、毕业生数、校均规模均呈增长趋势，分别增加了254020人、95697人、62607人、199.25人/所，增长率依次为13.02%、14.40%、10.12%、18.82%；学校数呈下降趋势，减少了90所，下降率为4.88%。2019年与2018年相比，广西普通初中学校数、在校生数、招生数、毕业生数校均规模均呈增长趋势，分别增加了10所、78511人、22573人、41597人、37.83人/所，增长率依次为0.57%、3.69%、3.06%、6.50%、3.10%。

19. 2014—2019年广西各市普通初中学校数比较

单位：所

地区	2014年	2015年	2016年	2017年	2018年	2019年
广西全区	1843	1839	1812	1757	1743	1753
南宁市	258	262	264	260	255	261
柳州市	139	134	127	128	130	133
桂林市	162	158	161	159	155	156
梧州市	111	112	111	112	110	109
北海市	68	71	70	66	69	69
防城港市	40	41	41	36	36	38
钦州市	92	92	93	90	94	94
贵港市	171	169	164	159	159	159
玉林市	235	235	229	223	215	209
百色市	166	161	160	140	138	134
贺州市	93	95	91	90	87	90
河池市	173	173	168	164	160	162
来宾市	63	61	58	57	57	58
崇左市	72	75	75	73	78	81

数据来源：2014—2019年广西教育事业统计报表。

2019年，广西各市普通初中学校数的平均值为125.21所，其中居前三位的是南宁市、玉林市、河池市，分别比均值多135.79所、83.79所、36.79所，各市中最高的南宁市与最低的防城港市之差为223所。2019年与2018年相比，广西各市普通初中学校数减少量居前三位的是玉林市、百色市、梧州市，分别减少了6所、4所、1所，下降率依次为2.79%、2.90%、0.91%。2019年与2014年相比，广西各市普通初中学校数减少量居前三位的是百色市、玉林市、贵港市，分别减少了32所、26所、12所，降低率依次为19.28%、11.06%、7.02%。

20. 2014—2019年广西各市普通初中招生数比较

单位：人

地区	2014年	2015年	2016年	2017年	2018年	2019年
广西全区	664386	669098	697326	712207	737510	760083
南宁市	84990	85321	92149	95680	98274	105282
柳州市	41175	42860	47081	50325	50388	53033
桂林市	45583	47014	51431	55975	59213	63599
梧州市	46625	45841	46303	46504	46888	48604
北海市	23918	23839	24510	25360	25389	25337
防城港市	11815	12998	13366	13397	14652	14991
钦州市	61979	59024	57476	55590	56484	58416
贵港市	77943	74306	73490	72719	75672	75775
玉林市	98305	98145	98917	97319	99544	101029
百色市	47323	50764	54578	58081	62397	61543
贺州市	27270	26934	28357	29266	30829	31865
河池市	47784	50603	54987	58028	59288	60862
来宾市	26455	26701	28425	27093	30435	29992
崇左市	23221	24748	26256	26870	28057	29755

数据来源：2014—2019年广西教育事业统计报表。

　　2019年，广西各市普通初中招生数的平均值为54291.64人，其中居前三位的是南宁市、玉林市、贵港市，分别比均值多50990.36人、46737.36人、21483.36人，各市中最高的南宁市与最低的防城港市之差为90291人。2019年与2018年相比，广西各市普通初中招生数增加量居前三位的是南宁市、桂林市、柳州市，分别增加了7008人、4386人、2645人，增长率依次为7.13%、7.41%、5.25%，各市中增加量最多的南宁市与最少的百色市之差为7862人。2019年与2014年相比，广西各市普通初中招生数增加量居前三位的是南宁市、桂林市、百色市，分别增加了20292人、18016人、14220人，增长率依次为23.88%、39.52%、30.05%。

21. 2014—2019年广西各市普通初中在校生数比较

单位：人

地区	2014年	2015年	2016年	2017年	2018年	2019年
广西全区	1950844	1963062	1987540	2034632	2126353	2204864
南宁市	261539	256185	260722	271740	285946	299689
柳州市	119350	122272	128638	137747	146603	153291
桂林市	134523	138015	145879	154552	166091	178693
梧州市	134041	132348	132171	133660	137824	141311
北海市	69273	70595	71034	73227	74880	75314
防城港市	36081	37251	37675	38602	40725	42780
钦州市	164532	166071	163952	160228	165853	169270
贵港市	248316	238890	225760	219280	222125	224543
玉林市	287035	285959	283642	284238	288827	298158
百色市	141197	147030	154464	161284	173292	180729
贺州市	76616	80574	79741	80974	86893	91614
河池市	135949	142571	152570	162461	171307	177214
来宾市	80225	78979	80380	81593	86221	87882
崇左市	62167	66322	70912	75046	79766	84376

数据来源：2014—2019年广西教育事业统计报表。

　　2019年，广西各市普通初中在校生数的平均值为157490.29人，其中居前三位的是南宁市、玉林市、贵港市，分别比均值多142198.71人、140667.71人、67052.71人，各市中最高的南宁市与最低的防城港市之差为256909人。2019年与2018年相比，广西各市普通初中在校生数增加数居前三位的是南宁市、桂林市、玉林市，分别增加了13743人、12602人、9331人，增长率依次为4.81%、7.59%、3.23%，各市中增加量最多的南宁市与最少的北海市之差为13309人。2019年与2014年相比，广西各市普通初中在校生数增加量居前三位的是桂林市、河池市、百色市，分别增加了44170人、41265人、39532人，增长率依次为32.83%、30.35%、28.00%。

22. 2014—2019年广西各市寄宿制初中学校数比较

单位：所

地区	2014年	2015年	2016年	2017年	2018年	2019年
广西全区	687	720	778	766	765	779
南宁市	147	151	166	163	156	166
柳州市	76	83	87	86	88	86
桂林市	55	59	72	79	83	84
梧州市	33	31	29	35	35	30
北海市	23	30	31	35	42	40
防城港市	17	18	17	15	17	17
钦州市	39	41	36	31	26	24
贵港市	41	56	55	44	45	49
玉林市	67	61	68	71	61	64
百色市	56	57	64	60	60	65
贺州市	27	28	33	30	29	31
河池市	58	43	51	58	56	54
来宾市	21	26	30	24	33	30
崇左市	27	36	39	35	34	39

数据来源：2014—2019年广西教育事业统计报表。

　　2019年，广西各市寄宿制初中学校数的平均值为55.64所，其中居前三位的是南宁市、柳州市、桂林市，分别比均值多110.36所、30.36所、28.36所，各市中最高的南宁市与最低的崇左市相差127所。2019年与2018年相比，广西各市寄宿制初中学校数增加量居前三位的是南宁市、百色市、崇左市，分别增加了10所、5所、5所，增长率依次为6.41%、8.33%、14.71%。2019年与2014年相比，广西各市寄宿制初中学校数增加量居前三位的是桂林市、南宁市、北海市，分别增加了29所、19所、17所，增长率依次为52.73%、12.93%、73.91%。

23. 2019年广西城市、县镇、农村普通初中在校生数、招生数、毕业生数比较

单位：人

地区/指标	在校生数	招生数	毕业生数
城市	549488	198020	159787
县镇	1376919	467514	436229
农村	278457	94549	85165
合计	2204864	760083	681181

数据来源：2019年广西教育事业统计报表。

　　2019年广西普通初中在校生中，人数最多的是县镇，为1376919人，比城市多出827431人，比农村多出1098462人。城市、县镇、乡村在校生数占总在校生数的比例分别为24.92%、62.45%、12.63%。2019年广西普通初中招生数中，人数最多的是县镇，比城市多出269494人，比农村多出372965人，城市、县镇、农村招生数占总招生数的比例分别为26.05%、61.51%、12.44%。2019年广西普通初中毕业生数中，人数最多的仍是县镇，比城市多出276442人，比农村多出351064人，城市、县镇、农村毕业生数占总毕业生数的比例分别为23.46%、64.04%、12.50%。

24. 2014—2019年广西各市普通初中51—55人班额的班数比较

单位: 个

地区	2014年	2015年	2016年	2017年	2018年	2019年
广西全区	5623	6094	7320	11706	17048	24967
南宁市	1116	1152	1436	2066	2577	3073
柳州市	597	666	724	814	973	1630
桂林市	466	442	499	730	1073	1663
梧州市	298	350	383	551	1281	1671
北海市	390	321	248	241	452	594
防城港市	150	136	143	193	311	478
钦州市	173	152	155	454	834	1905
贵港市	306	385	851	1777	2590	3009
玉林市	404	441	389	669	1164	3402
百色市	375	458	592	1410	2040	2332
贺州市	359	494	491	674	902	1082
河池市	400	458	550	988	1315	2177
来宾市	304	279	400	501	797	987
崇左市	285	360	459	638	739	964

数据来源: 2014—2019年广西教育事业统计报表。

2019年, 广西各市普通初中51—55人班额的班数的平均值为1783.36个班, 其中居前三位的是玉林市、南宁市、贵港市, 分别比均值多1618.64个班、1289.64个班、1225.64个班, 各市中最高的玉林市与最低的防城港市之差为2924个班。2019年与2018年相比, 广西各市普通初中51—55人班额的班数增加量居前三位的是玉林市、钦州市、河池市, 分别增加了2238个班、1071个班、862个班, 增长率依次为192.27%、128.42%、65.55%, 各市中增加量最多的玉林市与最少的北海市之差为2096个班。2019年与2014年相比, 广西各市普通初中51—55人班额的班数增加量居前三位的是玉林市、贵港市、南宁市, 分别增加了2998个班、2703个班、1957个班, 增加率依次为742.08%、883.33%、175.36%。

25. 2014—2019年广西各市普通初中56—65人班额的班数比较

单位：个

地区	2014年	2015年	2016年	2017年	2018年	2019年
广西全区	8798	9045	10449	10986	11593	4806
南宁市	1314	1244	1391	969	804	341
柳州市	494	576	720	858	901	343
桂林市	507	575	601	642	981	454
梧州市	819	794	840	1018	807	361
北海市	342	355	373	358	216	97
防城港市	209	238	216	298	302	124
钦州市	609	642	663	963	1654	633
贵港市	607	835	1143	1273	550	287
玉林市	1452	1423	1481	1992	3168	1186
百色市	772	795	912	768	541	223
贺州市	406	308	363	179	196	105
河池市	611	680	886	859	768	297
来宾市	345	290	598	624	462	248
崇左市	311	290	262	185	243	107

数据来源：2014—2019年广西教育事业统计报表。

2019年，广西各市普通初中56—65人班额的班数的平均值为343.29个班，其中居前三位的是玉林市、钦州市、桂林市，分别比均值多842.71个班、289.71个班、110.71个班，最高的玉林市与最低的北海市之差为1089个班。2019年与2018年比，广西各市普通初中56—65人班额的班数均呈下降趋势，减少数量居前三位的是玉林市、钦州市、柳州市，分别减少1982个班、1021个班、558个班，减少率依次为62.56%、61.73%、61.93%，各市减少量中最多的玉林市与最少的贺州市相差1891个班。2019年与2014年比，广西各市普通初中56—65人班额的班数除钦州市有所增加外，其他各市均呈下降趋势，钦州市增加了24个班，增长率为3.94%。

26. 2014—2019年广西各市普通初中66人及以上班额的班数比较

单位：个

地区	2014年	2015年	2016年	2017年	2018年	2019年
广西全区	8561	7747	6501	3715	144	1
南宁市	378	331	140	66	0	0
柳州市	118	56	40	38	0	0
桂林市	143	190	263	275	9	1
梧州市	675	546	571	346	0	0
北海市	87	66	113	96	0	0
防城港市	52	75	111	15	8	0
钦州市	1484	1488	1456	912	0	0
贵港市	2157	1561	642	38	0	0
玉林市	2045	2100	2126	1477	118	0
百色市	547	565	435	44	0	0
贺州市	102	32	34	6	0	0
河池市	513	513	516	374	5	0
来宾市	213	204	21	3	4	0
崇左市	47	20	33	25	0	0

数据来源：2014—2019年广西教育事业统计报表。

2019年，广西各市普通初中66人及以上班额的班数的平均值为0.07个班，其中增减数居前三位的是桂林市、南宁市、柳州市，分别比均值多0.93个班、少0.07个班、少0.07个班。2019年与2018年相比，广西各市普通初中66人及以上班额的班数皆有所减少，减少数量居前三位的是玉林市、桂林市、防城港市，分别减少为118个班、8个班、8个班，减少率依次为100.00%、88.89%、100.00%。2019年与2014年相比，广西各市普通初中66人及以上班额的班数皆有所减少。

27. 2014—2019年广西普通初中城市、县镇、农村51—55人班额的班数比较

单位：个

地区/指标	2014年	2015年	2016年	2017年	2018年	2019年
城市	1526	1557	1878	2697	4072	6092
县镇	2951	3396	4161	7327	10841	16250
农村	1146	1141	1281	1682	2135	2625
合计	5623	6094	7320	11706	17048	24967

数据来源：2014—2019年广西教育事业统计报表。

　　2014年至2019年，广西普通初中城市、县镇、农村51—55人班额数有增有减，城市的变动比率依次为2.03%、20.62%、43.61%、50.98%、49.61%；县镇的变动率依次为15.08%、22.53%、76.09%、47.96%、49.89%；农村的变动比率依次为-0.44%、12.27%、31.30%、26.93%、22.95%。2019年广西普通初中城市、县镇、农村51—55人班额数比较中，最多的是县镇，为16250个班，比城市的多10158个班，比农村多出13625个班。2019年城市、县镇、乡村51—55人班额数占全区51—55人班额总数的比例分别为24.40%、65.09%、10.51%。2019年与2018年相比，广西普通初中城市、县城、农村51—55人班额数均有所增加，分别增加2020个班、5409个班、490个班，增长率分别为49.61%、49.89%、22.95%，总体增加7919个班，总体增长率为46.45%。2019年与2014年相比，广西普通初中城市、县镇、农村51—55人班额数均有所增加，城市增加了4566个班，增长率为299.21%；县镇增加了13299个班，增长率为450.66%；农村的增加了1479个班，增长率为129.06%；总体增加了19344个班，总体增长率为344.02%。

28. 2014—2019年广西普通初中城市、县镇、农村56—65人班额的班数比较

单位：个

地区/指标	2014年	2015年	2016年	2017年	2018年	2019年
城市	1903	1818	2324	2569	2316	1171
县镇	5603	6029	6839	7296	8095	3257
农村	1292	1198	1286	1121	1182	378
合计	8798	9045	10449	10986	11593	4806

数据来源：2014—2019年广西教育事业统计报表。

2014年至2019年，广西普通初中城市、县镇、农村56—65人班额数有增有减，城市的变动比率依次为-4.47%、27.83%、10.54%、-9.85%、-49.44%；县镇的变动比率依次为7.60%、13.44%、6.68%、10.95%、-59.77%；农村的变动比率依次为-7.28%、7.35%、-12.83%、5.44%、-68.02%。2019年广西普通初中城市、县镇、农村56-65人班额数中，最多的是县镇，为3257个班，比城市的多2086个班，比农村的多2879个班。城市、县镇、农村56—65人班额数占全区56—65人班额总数的比例分别为：24.37%、67.77%、7.87%。2019年与2018年相比，广西普通初中城市、县镇、农村56—65人班额数均有所减少，分别减少1145个班、4838个班、804个班，减少率分别为49.44%、59.77%、68.02%，总体减少6787个班，总体减少率为58.54%。2019年与2014年相比，广西普通初中城市、县镇、农村56—65人班额数皆有所减少，城市减少了732个班，降低率为38.47%；县镇减少了2346个班，降低率为41.87%；农村减少了914个班，降低率为70.74%；总体减少3992个班，总体降低率为45.37%。

29. 2014—2019年广西普通初中城市、县镇、农村66人及以上班额的班数比较

单位：个

地区/指标	2014年	2015年	2016年	2017年	2018年	2019年
城市	913	884	836	434	56	0
县镇	6672	6037	5141	2957	86	1
农村	976	826	524	324	2	0
合计	8561	7747	6501	3715	144	1

数据来源：2014—2019年广西教育事业统计报表。

　　2014年至2019年，广西普通初中城市、县镇、农村66人及以上班额数均有所减少，城市的变动比率依次为−3.18%、−5.43%、−48.09%、−87.10%、−87.10%、−100.00%；县镇的变动比率依次为−9.52%、−14.84%、−42.48%、−97.09%、−98.84%；农村的变动比率依次为−15.37%、−36.56%、−38.17%、−99.38%、−100.00%。2019年广西普通初中城市、县镇、农村66人及以上班额数中，最多的是县镇，为1个班，比城市的多1个班，比农村的多1个班。2019年与2018年相比，广西各市普通初中城市、县镇、农村66人及以上班额数均有所减少，分别减少了56个班、85个班、2个班，减少率依次为100.00%、98.84%、100.00%，总体减少了143个班，总体减少率为99.31%。2019年与2014年相比，广西各市普通初中城市、县镇、农村66人及以上班额数均有所减少，分别减少了913个班、6671个班、976个班，减少率依次为100.00%、99.99%、100.00%，总体减少了8560个班，总体减少率为99.99%。

30. 2018年广西与中南地区、西南地区其他省(自治区、直辖市)普通初中招生数比较

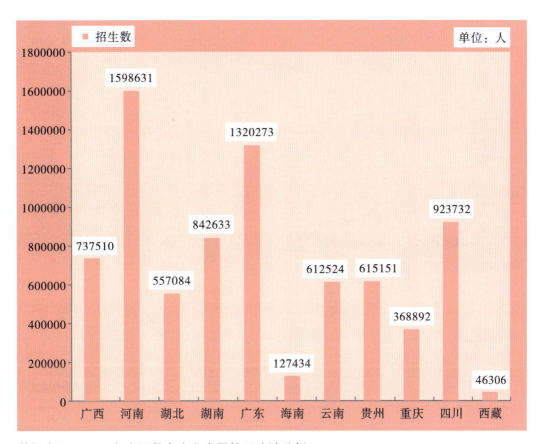

数据来源:2018年全国教育事业发展简明统计分析。

2018年,普通初中招生数中,中南地区五省中最高的是河南省,最低的是海南省,两者相差1471197人;广西与中南地区五省相比居第4位,比最高的河南省少861121人,比最低的海南省多610076人。西南地区六个省级单位中最高的是四川省,最低的是西藏自治区,两者相差877426人;广西在西南地区六个省级单位中居第2位,比最高的四川省少186222人,比最低的西藏自治区多691204人。在中南地区和西南地区十一个省级单位中,广西居第5位。

31. 2018年广西与中南地区、西南地区其他省（自治区、直辖市）普通初中在校生数比较

数据来源：2018年全国教育事业发展简明统计分析。

2018年，普通初中在校生数中，中南地区五省中最高的是河南省，最低的是海南省，两者相差4166009人；广西与中南地区五省相比居第4位，比最高的河南省少2392457人，比最低的海南省多1773552人。西南地区六个省级单位中最高的是四川省，最低的是西藏自治区，两者相差2488715人；广西在西南地区六个省级单位中居第2位，比最高的四川省少491767人，比最低的西藏自治区多1996948人。在中南地区和西南地区十一个省级单位中，广西居第5位。

32. 2018年广西与国内其他省（自治区、直辖市）普通初中招生数、在校生数比较

单位：人

地区	招生数	在校生数	地区	招生数	在校生数
全国	16025931	46525854	山东	1098090	3457221
广西	737510	2126353	河南	1598631	4518810
北京	100984	278971	湖北	557084	1587795
天津	95920	280205	湖南	842633	2404647
河北	1003677	2831535	广东	1320273	3724667
山西	393473	1137656	海南	127434	352801
内蒙古	216570	636615	重庆	368892	1045616
辽宁	329132	985317	四川	923732	2618120
吉林	224225	660635	贵州	615151	1808436
黑龙江	272754	932812	云南	612524	1861533
上海	132770	432531	西藏	46306	129405
江苏	802344	2257619	陕西	375779	1085454
浙江	542475	1614623	甘肃	296588	870014
安徽	699936	2091690	青海	76512	222833
福建	451718	1287133	宁夏	100596	290451
江西	740582	2069873	新疆	321636	924483

数据来源：2018年全国教育事业发展简明统计分析。

2018年，全国除港澳台地区外，普通初中招生数的均值为516965.52人，其中最高的是河南省，最低的是西藏自治区，两者相差1552325人，广西普通初中的招生数居全国第9位，比最高的河南省少861121人，比最低的西藏自治区多691204人；普通初中在校生数的均值为1500834.00人，其中最高的是河南省，最低的是西藏自治区，两者相差4389405人，广西普通初中在校生数在全国居第8位，比最高的河南省少2392457人，比最低的西藏自治区多1996948人。

33. 2014—2019年广西义务教育阶段巩固率

数据来源：2014—2019年广西教育事业统计报表。

　　2014年至2019年，广西义务教育阶段的巩固率整体呈上升趋势。2014年至2019年，广西义务教育阶段的巩固率同比增长2.70、0.40、0.60、1.00、0.20个百分点。2019年与2014年相比增长了4.90个百分点。从纵向上看，广西义务教育阶段巩固率得到了很大的提升。

（二）教师数量与结构

1. 2014—2019年广西普通小学教职工总数、专任教师数比较

数据来源：2014—2019年广西教育事业统计报表。

2014年至2019年，广西普通小学教职工总数依次增加了2493人、7455人、11604人、9414人、9720人，分别增长了1.09%、3.22%、4.85%、3.76%、3.74%，年均增长率3.32%。专任教师数依次增长了4651人、2298人、22873人、10640人、9355人，增长率依次为2.14%、1.04%、10.20%、4.31%、3.63%，年均增长率为4.21%。2019年与2014年相比，教职工总数增加了40686人，增长率为17.76%；专任教师数增加了49817人，增长了22.92%。

2. 2014—2019年广西普通小学专任教师年龄结构比较

单位：人

年龄	2014年	2015年	2016年	2017年	2018年	2019年
24岁以下	6730	8034	10892	14205	18337	20194
25—29岁	21116	22499	24759	26841	30184	34046
30—34岁	34035	30817	29276	29262	29982	31616
35—39岁	44749	45574	45612	46004	43286	40059
40—44岁	36734	38653	41893	44991	47621	49490
45—49岁	33685	34567	35424	38405	39260	40766
50—54岁	22724	26564	31743	34810	36609	36986
55—59岁	17497	15195	12917	12549	12384	13852
60岁以上	41	59	32	66	110	119

数据来源：2014—2019年广西教育事业统计报表。

  2019年与2018年相比，广西普通小学专任教师中除35—39岁教师数量有所减少外，其他年龄结构专任教师数量均有所增加。2019年与2018年相比，各年龄段依次增加1857人、3862人、1634人、-3227人、1869人、1506人、377人、1468人、9人，分别增长了10.13%、12.79%、5.45%、-7.46%、3.92%、3.84%、1.03%、11.85%、8.18%。2019年与2014年相比，除30—34岁和55—59岁有所下降，其余年龄段均有所增加。

3. 2014—2019年广西普通小学专任教师学历结构比较

单位：人

学历	2014年	2015年	2016年	2017年	2018年	2019年
研究生	479	604	843	934	1067	1119
本科	64566	74121	86789	101016	113815	126300
专科	122577	121298	121713	124677	126480	125766
高中	29386	25665	22971	20252	16182	13696
高中以下	303	274	232	254	229	247

数据来源：2014—2019年广西教育事业统计报表。

2019年与2018年相比，广西普通小学专任教师中，专科、高中（含中专）的专任教师数量有所减少，研究生、本科及高中以下学历专任教师数量增加。研究生学历教师数增长了4.87%，本科学历教师数增长了10.97%，专科学历教师数降低了0.56%，高中（含中专）学历教师数降低了15.36%，高中以下学历教师数增加了7.86%。2019年与2014年相比，广西普通小学专任教师中，研究生学历教师数增长了133.61%，本科学历教师数增长了95.61%，专科学历教师数增长了2.60%，高中（含中专）学历教师数降低了53.39%，高中以下学历教师数降低了18.48%。

4. 2014—2019年广西普通小学专任教师职称结构比较

单位：人

职称	2014年	2015年	2016年	2017年	2018年	2019年
正高级	数据缺失	数据缺失	数据缺失	数据缺失	数据缺失	37
副高级	1934	2418	3111	3669	4849	9232
中级	132002	134361	135765	137692	135074	139011
助理级	61074	58864	59251	60689	61196	65716
员级	6895	6483	7925	11950	16318	12295
未定职称	15406	19836	26496	33133	40336	40837

数据来源：2014—2019年广西教育事业统计报表。

注：统计口径根据《广西壮族自治区深化中小学教师职称制度改革实施方案》调整。

  2019年与2018年相比，广西普通小学专任教师中，除员级职称的教师外其他职称的教师都有所增加。副高级职称的教师增长了90.39%，中级职称教师增长了2.91%，助理级职称教师增长了7.39%，员级职称教师降低了24.65%，未定职称的教师增长了1.24%。2019年与2014年相比，副高级职称的教师增长了377.35%，中级职称的教师增长了5.31%，助理级职称的教师增长了7.6%，员级职称的教师增长了78.32%，未定职称的教师增长了165.07%。

5. 2014—2019年广西普通小学各学科教师结构比较

单位：人

学科	2014年	2015年	2016年	2017年	2018年	2019年
品德（社会）	3841	4064	4712	5503	6079	6402
语文	102178	103388	105628	107895	109588	110889
数学	82238	83572	85540	87934	89411	89961
外语	8471	9064	10382	12399	14206	15547
科学（自然）、艺术	2793	3001	3973	5497	6593	6797
综合实践、信息技术、劳动	2167	2301	2992	4297	5126	9542
体音美	11928	12858	15671	20219	23298	24840
其他	1918	1865	1555	1489	1543	1375
当年不授课	1777	1849	2095	1900	1929	1775

数据来源：2014—2019年广西教育事业统计报表。

2019年与2018年相比，在广西普通小学学科教师结构中，各科教师分别增长了5.31%、1.19%、0.62%、9.44%、3.09%、86.15%、6.62%、-10.89%、-10.89%、-7.98%。2019年与2014年相比，在广西普通小学学科教师结构中，其他、当年不授课教师分别降低了28.31%、0.11%，品德（社会）、语文、数学、外语、科学、综合实践、体音美教师分别增长了66.68%、8.53%、9.39%、83.53%、143.36%、340.33%、108.25%。

6. 2014—2019年广西普通小学生师比比较

数据来源：2014—2019年广西教育事业统计报表。

2019年与2018年相比，广西普通小学教育生师比增长了0.03。2019年与2014年相比，广西普通小学教育生师比下降了1.34；2015年、2016年都出现了拐点，2014年到2016年，总体看呈上升趋势，其中2016年增长较显著，但2016年到2018年则呈明显下降趋势，2018年到2019年有微小的增长。

7. 2019年广西各市普通小学生师比比较

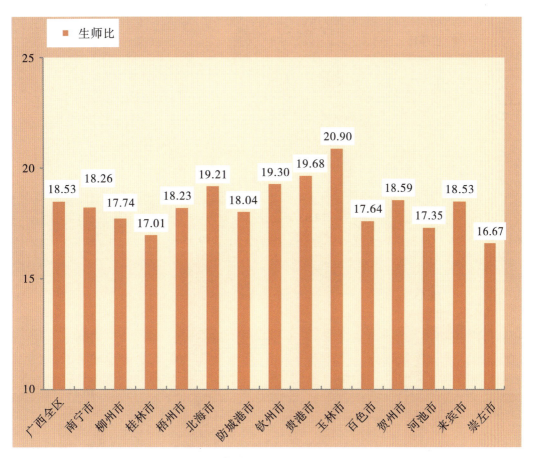

数据来源：2019年广西教育事业统计报表。

　　2019年广西普通小学生师比为18.53，其中生师比居前三位的是玉林市、贵港市和钦州市，分别为20.90、19.68和19.30，分别比全区生师比高2.37、1.15、0.77，生师比居后三位的是河池市、桂林市和崇左市，分别为17.35、17.01和16.67，分别比全区生师比低1.18、1.52、1.86。广西各市普通小学生师比中高于全区平均值的有玉林市、贵港市、钦州市、北海市、贺州市。全区各市生师比的极差为4.23。

8. 2019年广西城市、县镇、农村普通小学生师比比较

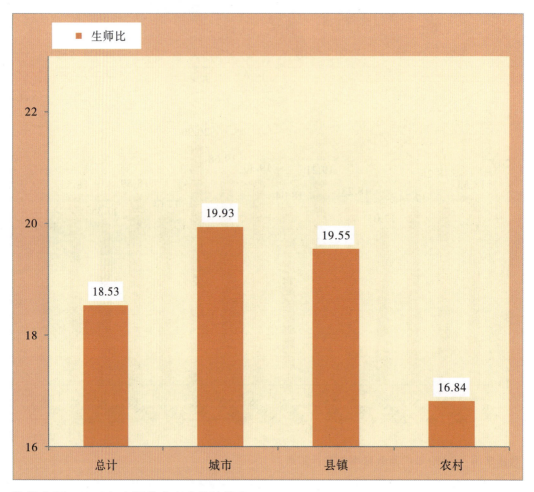

数据来源：2019年广西教育事业统计报表。

2019年广西普通小学的生师比为18.53，其中城市为19.93、县镇为19.55、农村为16.84，生师比最高的是城市，生师比最低的是农村。城市的生师比比县镇高0.39，是县镇的1.02倍；城市的生师比比农村高3.10，是农村的1.18倍；县镇的生师比比农村高2.71，是农村的1.16倍。

9. 2018年广西与全国及其他省（自治区、直辖市）普通小学生师比比较

地区	小学生师比	地区	小学生师比
全国	16.97	山东	16.86
广西	18.50	河南	18.18
北京	13.65	湖北	18.01
天津	15.03	湖南	19.01
河北	17.32	广东	18.64
山西	13.60	海南	16.40
内蒙古	13.33	重庆	16.56
辽宁	14.27	四川	16.84
吉林	11.27	贵州	17.89
黑龙江	11.93	云南	16.62
上海	14.09	西藏	14.54
江苏	17.73	陕西	16.18
浙江	17.14	甘肃	13.24
安徽	18.32	青海	17.68
福建	18.68	宁夏	16.86
江西	17.95	新疆	15.30

数据来源：2018年全国教育事业发展简明统计分析。

2018年广西普通小学生师比为18.50，高于全国平均水平。全国除港澳台地区外，普通小学生师比最高的三个省级单位分别是湖南省、福建省、广东省，生师比分别为19.01、18.68和18.64；最低的三个省级单位是甘肃省、黑龙江省和吉林省，生师比分别为13.24、11.93、11.27，最高的湖南省与最低的吉林省相差7.74。广西比相邻的贵州省高0.61，比广东省低0.14，比云南省高1.88。

10. 2018年广西与中南地区、西南地区其他省（自治区、直辖市）普通小学生师比比较

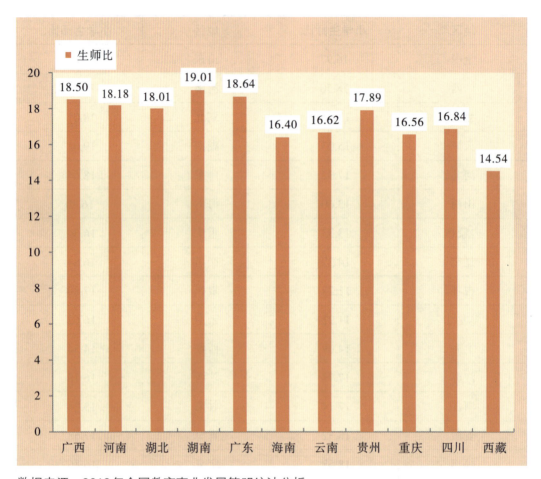

数据来源：2018年全国教育事业发展简明统计分析。

2018年，普通小学生师比中，中南地区五省中最高的是湖南省，最低的是海南省，两者相差2.61；广西与中南五省相比居第3位，比最低的海南省高2.10。广西在西南地区六个省级单位中居第1位，与西南六省相比，比最低的西藏自治区高3.96。在中南地区和西南地区十一个省级单位中，广西居第3位。

11. 2014—2019年广西普通初中专任教师数比较

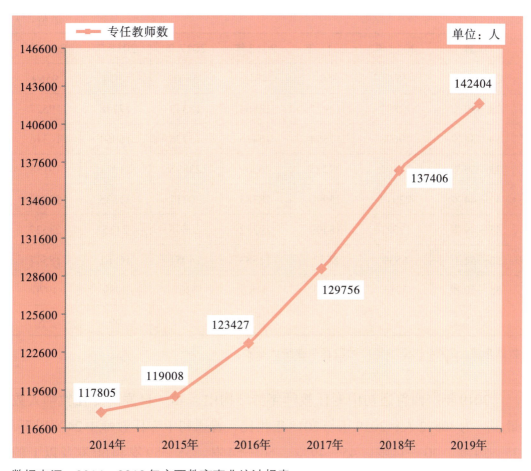

数据来源：2014—2019年广西教育事业统计报表。

2019年与2018年相比，广西普通初中专任教师数增加了4998人，增长率为3.64%。2019年与2014年相比，增加24599人，增长率为20.88%。2014年至2019年，广西普通初中专任教师数持续增长，增长率分别为1.02%、3.71%、5.13%、5.90%、3.64%。

12. 2014—2019年广西普通初中专任教师年龄结构比较

单位：人

年龄	2014年	2015年	2016年	2017年	2018年	2019年
24岁以下	3572	3597	4544	5801	8014	9569
25—29岁	12897	12927	13864	15349	17748	19527
30—34岁	19608	17554	16416	15726	16064	16316
35—39岁	31191	29225	26209	23895	21377	19178
40—44岁	22917	25090	28388	30711	31535	30672
45—49岁	17321	18499	19212	20806	21752	23527
50—54岁	6539	8557	11583	14051	16861	18547
55—59岁	3715	3533	3182	3367	3989	4970
60岁以上	45	26	29	50	66	98

数据来源：2014—2019年广西教育事业统计报表。

　　2019年广西普通初中专任教师年龄结构中，40—44岁的专任教师人数最多，为30672人；2019年与2018年相比，普通初中专任教师中24岁以下、25—29岁、30—34岁、45—49岁、50—54岁、55—59岁和60岁及以上的专任教师数量均有所增加，增长率依次为19.40%、10.02%、1.57%、8.16%、10.00%、24.59%、48.48%；而35—39岁、40—44岁的专任教师数量有所下降，降低率分别为10.29%、2.74%。2019年与2014年相比，除30—34岁、35—39岁的教师数量有所降低外，其他年龄段的教师数量均呈增加趋势。

13. 2014—2019年广西普通初中专任教师学历结构比较

单位：人

学历	2014年	2015年	2016年	2017年	2018年	2019年
研究生	940	1153	1350	1564	1770	1988
本科	87944	91066	96215	103181	110901	116290
专科	28110	26087	25261	24539	24359	23786
高中	791	677	582	444	356	330
高中以下	20	25	19	28	20	10

数据来源：2014—2019年广西教育事业统计报表。

　　2019年广西普通初中专任教师学历结构中，本科学历的专任教师人数最多，为116290人；2019年与2018年相比，广西普通初中专任教师学历结构中专科学历、高中学历、高中及以下学历专任教师数分别降低了2.35%、7.30%、50.00%，减少了573人、26人、10人；研究生学历增长了12.32%，增加了218人；本科学历增长了4.86%，增加了5389人。2019年与2014年相比，研究生和本科学历的专任教师数分别增长了111.49%、32.23%，增加了1048人、28346人；专科学历下降了15.38%，减少了4324人；高中学历下降了58.28%，减少了461人；高中及以下学历下降了50.00%，减少了10人。

14. 2014—2019年广西普通初中专任教师职称结构比较

单位：人

职称	2014年	2015年	2016年	2017年	2018年	2019年
正高级	数据缺失	数据缺失	数据缺失	数据缺失	数据缺失	108
副高级	12461	13788	15251	16281	17539	19067
中级	63348	63813	65298	66843	66669	67208
助理级	33110	31463	30768	31301	33239	33992
员级	1899	1734	1710	1923	2197	3635
未定职级	6987	8210	10400	13408	17762	18394

数据来源：2014—2019年广西教育事业统计报表。

注：统计口径根据《广西壮族自治区深化中小学教师职称制度改革实施方案》调整。

2019年广西普通初中专任教师职称结构中，中级职称专任教师人数最多，为67208人；2019年与2018年相比，广西普通初中专任教师各职称结构人数均有所增加，副高级、中级、助理级、员级和未定职级专任教师数分别增长了8.71%、0.81%、2.27%、65.45%和3.56%，增加数分别为1528人、539人、753人、1438人和632人。2019年与2014年相比，广西普通初中专任教师各级职称结构人数均有所增加，副高级、中级、助理级、员级和未定职级专任教师数分别增长了53.01%、6.09%、2.66%、91.42%和163.26%，增加数分别为6606人、3860人、882人、1736人和11407人。

15. 2014—2019年广西普通初中各学科教师结构比较

单位：人

学科	2014年	2015年	2016年	2017年	2018年	2019年
语文	22620	22546	23359	24131	25405	26079
数学	21510	21538	22203	22883	23873	24582
外语	18336	18477	19073	19907	20906	21895
政史地社	20267	20639	21603	22849	24230	25368
理化生	18678	18926	19515	20475	21600	22315
体音美	11118	11185	11811	13078	14467	15042
信息、劳动技术	2901	2845	3091	3597	4020	4105
科学、艺术	304	294	358	486	524	422
其他	635	650	736	845	975	957
当年不任课	1436	1908	1678	1426	1406	1639

数据来源：2014—2019年广西教育事业统计报表。

2019年广西普通初中各学科教师结构中，语文学科教师人数最多，为26079人；2019年与2018年相比，广西普通初中各学科教师结构中，语文、数学、外语、政史地社、理化生、体音美、信息与劳动技术、当年不任课教师分别增长了2.65%、2.97%、4.73%、4.70%、3.31%、3.97%、2.11%、16.57%，而科学与艺术、其他教师分别下降了19.47%、1.85%。2019年与2014年相比，广西普通初中各学科教师数均有所增加，语文、数学、外语、政史地社、理化生、体音美、信息与劳动技术、科学与艺术、其他教师和当年不任课教师分别增长了15.29%、14.28%、19.41%、25.17%、19.47%、35.29%、41.50%、38.82%、50.71%、14.14%。

16. 2014—2019年广西普通初中生师比比较

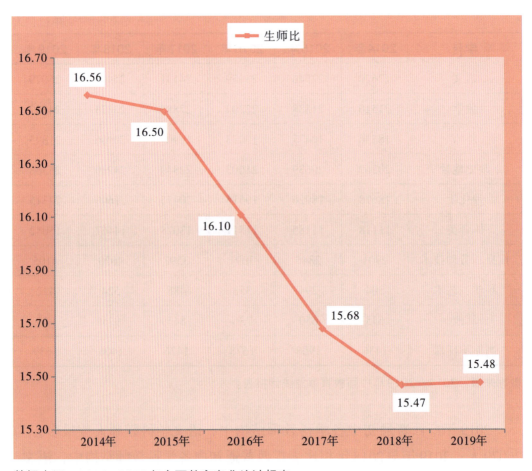

数据来源：2014—2019年广西教育事业统计报表。

2019年与2018年相比，广西普通初中生师比上升了0.01；2019年与2014年相比，广西普通初中生师比下降了1.08；其中2016年至2017年下降幅度最大，为2.61%；2014至2015年降幅最小，为0.36%。2014年到2019年，总体上看，普通初中生师比呈下降的趋势，降幅达到6.52%。

17. 2019年广西各市普通初中生师比比较

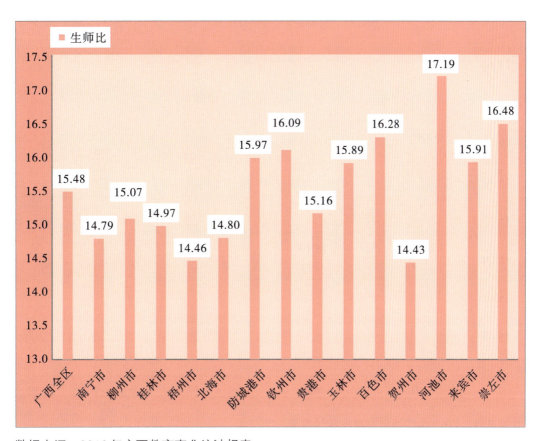

数据来源：2019年广西教育事业统计报表。

2019年，广西普通初中生师比为15.48，生师比中居前三位的是河池市、崇左市和百色市，分别为17.19、16.48和16.28，分别高于广西全区1.71、1.00、0.80；居后三位的是南宁市、梧州市和贺州市，分别为14.79、14.46和14.43；普通初中生师比高于广西全区的有河池市、钦州市、崇左市、百色市、来宾市、防城港市、玉林市，最高的河池市与最低的贺州市相差2.76。

18. 2019年广西城市、县镇、农村普通初中生师比比较

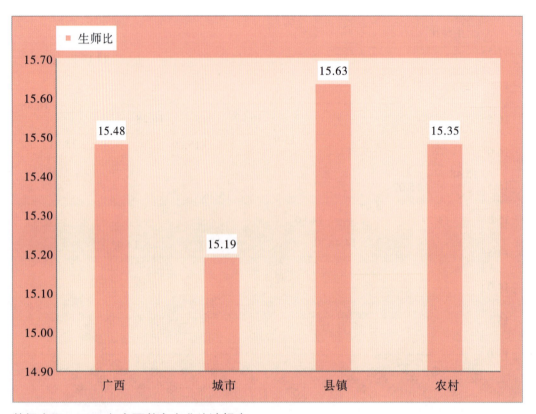

数据来源：2019年广西教育事业统计报表。

2019年广西普通初中的生师比为15.48，其中城市为15.19、县镇为15.63、农村为15.35，生师比最高的是县镇，最低的是城市；县镇的生师比比城市高0.44，是城市的1.03倍；县镇的生师比比农村高0.28，是农村的1.02倍；农村的生师比比城市高0.16，是城市的1.01倍。

19. 2018 年广西与全国及其他省（自治区、直辖市）普通初中生师比比较

地区	普通初中生师比	地区	普通初中生师比
全国	12.79	山东	12.26
广西	15.47	河南	14.38
北京市	7.83	湖北	12.24
天津	10.20	湖南	13.71
河北	14.17	广东	13.00
山西	10.50	海南	13.44
内蒙古	10.93	重庆	13.43
辽宁	9.96	四川	12.78
吉林	10.04	贵州	14.10
黑龙江	10.48	云南	14.07
上海	10.55	西藏	12.01
江苏	11.83	陕西	11.02
浙江	12.66	甘肃	10.88
安徽	13.16	青海	13.62
福建	12.64	宁夏	14.19
江西	16.07	新疆	10.75

数据来源：2018 年全国教育事业发展简明统计分析。

2018 年广西普通初中生师比为 15.47，高于全国平均水平。除港澳台外，全国普通初中生师比最高的三个省级单位是江西省、广西壮族自治区、河南省，分别为 16.07、15.47、14.38；最低的三个省级单位是吉林省、辽宁省、北京市，分别为 10.04、9.96 和 7.83；广西普通初中生师比居全国第 2 位，比邻省的贵州省高 1.37，比广东省高 2.47，比云南省高 1.40。

20. 2018年广西与中南地区、西南地区其他省（自治区、直辖市）普通初中生师比比较

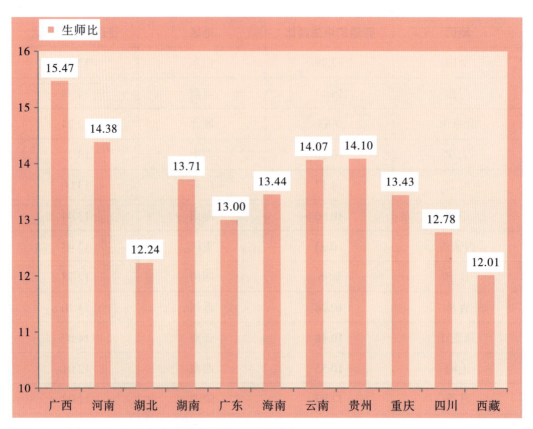

数据来源：2018年全国教育事业发展简明统计分析。

2018年，普通初中生师比中，中南地区五省中最高的是河南省，最低的是湖北省，两者相差2.14；广西与中南五省相比居第1位，比最低的湖北省多3.23。西南地区六个省级单位中最高的是广西壮族自治区，最低是西藏自治区，两者相差3.46；在中南地区和西南地区11个省级单位中，广西也居第1位。

三、普通高中教育

（一）教育规模

1. 2014—2019年广西普通高中学校数、在校生数、招生数、毕业生数、校均规模比较

指标	2014年	2015年	2016年	2017年	2018年	2019年
学校数/所	445	445	450	460	468	490
在校生数/人	838231	865740	918939	974811	1035827	1091029
招生数/人	304639	310448	338497	350724	368036	394233
毕业生数/人	253288	257331	268465	281761	295808	326975
校均规模/（人/所）	1883.66	1945.48	2042.09	2119.15	2213.31	2226.59

数据来源：2014—2019年广西教育事业统计报表。

2019年与2018年相比，广西普通高中学校数、在校生数、招生数、毕业生数、校均规模均有所上升，分别增加22所、55202人、26197人、31167人、13.28人/所，依次增长4.70%、5.33%、7.12%、10.54%、0.60%。2019年与2014年相比，广西普通高中学校数、在校生数、招生数、毕业生数和校均规模均有所上升，分别增加45所、252798人、89594人、73687人、342.93人/所，依次增长了10.11%、30.16%、29.41%、29.09%、18.21%。

2. 2014—2019年广西各市普通高中学校数比较

单位：所

地区	2014年	2015年	2016年	2017年	2018年	2019年
广西全区	445	445	450	460	468	490
南宁市	84	82	81	81	80	81
柳州市	24	24	24	25	25	25
桂林市	57	54	54	55	55	58
梧州市	22	22	23	23	25	28
北海市	22	23	25	26	26	30
防城港市	6	6	6	7	8	9
钦州市	29	29	31	33	36	36
贵港市	55	57	55	56	57	59
玉林市	55	55	55	56	56	60
百色市	22	23	24	25	25	26
贺州市	14	14	14	13	13	14
河池市	24	24	24	25	25	25
来宾市	20	21	22	22	22	23
崇左市	11	11	12	13	15	16

数据来源：2014—2019年广西教育事业统计报表。

2019年与2018年相比，广西普通高中学校数量增加了22所，增加最多的是北海市和玉林市，增加了4所。2019年与2014年相比，广西普通高中学校数总量增加了45所，增加最多的是北海市，增加了8所，南宁市减少了3所。此外，2014年至2019年，广西各市普通高中学校数最大值与最小值的差距，分别为78所、76所、75所、74所、72所、72所，说明广西各市间普通高中学校数差距较大。

3. 2014—2019年广西各市普通高中在校生数比较

单位：人

地区	2014年	2015年	2016年	2017年	2018年	2019年
广西全区	838231	865740	918939	974811	1035827	1091029
南宁市	121357	125098	131328	136986	143692	151694
柳州市	57033	58712	62261	65599	70607	75526
桂林市	69082	70001	73481	76689	80638	84961
梧州市	53447	54009	55792	57270	59752	63920
北海市	31791	32459	34685	37155	39732	41014
防城港市	14340	15111	16078	17174	18348	19344
钦州市	50437	51244	55197	59239	64241	68380
贵港市	104906	108933	117957	127953	137325	142227
玉林市	112559	118339	128225	138339	145993	152261
百色市	58638	62137	66698	71037	75731	79277
贺州市	31040	32322	33080	34335	36180	37767
河池市	67664	68632	70949	74599	79643	84003
来宾市	39797	40414	42063	44257	46423	49531
崇左市	26140	28329	31145	34179	37522	41124

数据来源：2014—2019年广西教育事业统计报表。

2019年与2018年相比，广西各市普通高中在校生数都有所增加，在校生总量增加了55202人，增加最多的是南宁市，增加了8002人。2019年与2014年相比，广西普通高中在校生数总量增加了252798人，增加最多的是玉林市，增加了39702人。

4. 2014—2019年广西各市普通高中招生数比较

单位：人

地区	2014年	2015年	2016年	2017年	2018年	2019年
广西全区	304639	310448	338497	350724	368036	394233
南宁市	42869	44584	47369	48212	51165	54910
柳州市	20151	20424	22834	23155	25175	27939
桂林市	24111	24692	26447	27005	28350	30095
梧州市	19100	18484	19803	20071	21393	23393
北海市	10742	11419	13069	13158	13851	14553
防城港市	5082	5496	5660	6024	7021	6781
钦州市	18177	17319	20514	21908	22392	24665
贵港市	39485	39735	45184	46927	49207	52114
玉林市	41305	43088	48831	51059	51109	55501
百色市	21871	23283	24709	25427	26583	28153
贺州市	13204	12268	12469	12605	12601	13467
河池市	24410	24318	24968	26527	28556	29528
来宾市	14255	14425	14948	15855	16371	17929
崇左市	9877	10913	11692	12791	14262	15205

数据来源：2014—2019年广西教育事业统计报表。

　　2019年与2018年相比，广西各市普通高中招生数增加了26197人，各市中增加最多的是玉林市，增加了4392人。2019年与2014年相比，广西各市普通高中招生总数增加了89594人，各市中增加最多的是玉林市，增加了14196人；增加最少的是贺州市，增加了263人。

5. 2014—2019年广西各市普通高中毕业生数比较

单位：人

地区	2014年	2015年	2016年	2017年	2018年	2019年
广西全区	253288	257331	268465	281761	295808	326975
南宁市	36921	38191	38933	40578	42130	45372
柳州市	17347	17706	18373	19197	19952	22483
桂林市	22240	21707	22214	22903	24038	25579
梧州市	16272	16885	16969	17988	18063	18766
北海市	10483	10042	9971	9800	10641	12542
防城港市	4143	4325	4719	4859	5460	5413
钦州市	15330	15648	16547	17648	17694	20272
贵港市	30075	31428	33573	35219	37672	43593
玉林市	32723	34016	36187	38593	40671	46625
百色市	17532	17340	18790	19941	21870	24409
贺州市	10151	9155	9462	10422	10192	11246
河池市	20242	20888	21885	22298	23436	25127
来宾市	12421	12382	12647	13263	13858	14694
崇左市	7408	7618	8195	9052	10131	10854

数据来源：2014—2019年广西教育事业统计报表。

2019年与2018年相比，广西各市普通高中毕业生总数增加了31167人，各市中增加最多的是玉林市，增加了5954人；减少最多的是防城港市，减少了47人。2019年与2014年相比，广西各市普通高中毕业生总数增加了73687人，各市中增加最多的是玉林市，增加了13902人；增加最少的是贺州市，增加了1095人。

6. 2014—2019年广西各市普通高中校均规模比较

单位：人/所

地区	2014年	2015年	2016年	2017年	2018年	2019年
广西全区	1883.67	1945.48	2042.09	2119.15	2213.31	2226.59
南宁市	1444.73	1525.59	1621.33	1691.19	1796.15	1872.77
柳州市	2376.38	2446.33	2594.21	2623.96	2824.28	3021.04
桂林市	1211.96	1296.31	1360.76	1394.35	1466.15	1464.84
梧州市	2429.41	2454.95	2425.74	2490.00	2390.08	2282.86
北海市	1445.05	1411.26	1387.40	1429.04	1528.15	1367.13
防城港市	2390.00	2518.50	2679.67	2453.43	2293.50	2149.33
钦州市	1739.21	1767.03	1780.55	1795.12	1784.47	1899.44
贵港市	1907.38	1911.11	2144.67	2284.88	2409.21	2410.63
玉林市	2046.53	2151.62	2331.36	2470.34	2607.02	2537.68
百色市	2665.36	2701.61	2779.08	2841.48	3029.24	3049.12
贺州市	2217.14	2308.71	2362.86	2641.15	2783.08	2697.64
河池市	2819.33	2859.67	2956.21	2983.96	3185.72	3360.12
来宾市	1989.85	1924.48	1911.95	2011.68	2110.14	2153.52
崇左市	2376.36	2575.36	2595.42	2629.15	2501.47	2570.25

数据来源：2014—2019年广西教育事业统计报表。

2019年与2018年相比，广西普通高中校均规模增加了13.28人/所，增加量居前三位的是柳州市、河池市和钦州市，增加量分别为196.76人/所、174.04人/所和114.97人/所；减少最多的是北海市，减少量为161.02人/所。2019年与2014年相比，广西各市普通高中校均规模增加了342.92人/所，增加量居前三位的是柳州市、河池市和贵港市，分别增加了644.66人/所、540.79人/所和503.25人/所，减少的有北海市、梧州市和防城港市，分别减少了77.92人/所、146.55人/所和240.67人/所。

7. 2019年广西城市、县镇、农村普通高中在校生数、招生数、毕业生数比较

单位：人

地区/指标	在校生数	招生数	毕业生数
城市	480326	173022	144330
县镇	581905	210500	173900
农村	28798	10711	8745
合计	1091029	394233	326975

数据来源：2019年广西教育事业统计报表。

2019年广西普通高中在校生中，人数最多的是县镇，为581905人，比城市多出101579人，比农村多出553107人。城市、县镇、乡村在校生数占总在校生数的比例分别为44.03%、53.33%、2.64%。2019年广西普通高中招生数中，人数最多的是县镇，为210500人，比城市多出37478人，比农村多出199789人，城市、县镇、农村招生数占总招生数的比例分别为43.89%、53.39%、2.72%。2019年广西普通高中毕业生数中，人数最多的仍是县镇，为173900人，比城市多出29570人，比农村多出165155人；城市、县镇、乡村毕业生数占总毕业生的比例分别为44.14%、53.18%、2.67%。

8. 2014—2019年广西高中阶段毛入学率比较

数据来源：2014—2019年广西教育事业统计报表。

2014年至2019年，广西普通高中毛入学率分别为82.00%、87.30%、88.00%、88.50%、89.40%、90.90%，总体呈增长趋势，依次增长了5.30个百分点、0.70个百分点、0.50个百分点、0.90个百分点、1.50个百分点。其中，2014年至2015年增长最快，增长了5.30个百分点；其次为2018年至2019年，增长了1.50个百分点。

（二）教师数量与结构

1. 2014—2019年广西普通高中专任教师年龄结构比较

单位：人

年龄	2014年	2015年	2016年	2017年	2018年	2019年
29岁及以下	9897	10418	10989	12314	14215	15995
30—34岁	10130	10265	10333	10035	9867	10306
35—39岁	9962	10033	10133	10244	10417	10394
40—44岁	7650	8246	8852	9328	9737	9832
45—49岁	6752	7073	7184	7231	7267	7511
50—54岁	2805	3647	4747	5503	6310	6836
55—59岁	1095	982	1054	1266	1643	2113
60岁及以上	66	69	78	67	64	104

数据来源：2014—2019年广西教育事业统计报表。

2019年与2018年相比，广西普通高中专任教师中，29岁以下人数增加了1780人，增长了12.52%；30—34岁的人数增加了439人，增长了4.45%；35—54岁人数增加了842人，增长了2.50%；55岁以上人数增加了510人，增长了29.88%。2019年与2014年相比，29岁以下人数增加了6098人，增长了61.61%；30—34岁的人数增加了176人，增长了1.74%；35—54岁人数增加了7404人，增长了27.25%；55岁以上人数增加了1056人，增长了90.96%。

2. 2014—2019年广西普通高中专任教师学历结构比较

单位：人

学历	2014 年	2015 年	2016 年	2017 年	2018 年	2019 年
研究生	2824	3000	3421	3726	3988	4242
本科生	44086	46416	48570	50945	54254	57613
专科生	1432	1298	1356	1291	1255	1202
高中生	15	19	15	22	22	32
高中以下	0	0	8	4	1	2

数据来源：2014—2019年广西教育事业统计报表。

2019年与2018年相比，广西普通高中专任教师中，研究生、本科和高中生的专任教师分别增长了6.37%、6.19%和45.45%，专科学历的专任教师减少了4.22%。2019年与2014年相比，广西普通高中专任教师学历结构有大幅改善，其中拥有研究生、本科学历的教师增长了50.21%、30.68%，专科学历的专任教师减少了16.06%，学历结构呈高级化发展趋势。

3. 2014—2019年广西普通高中专任教师职称结构比较

单位：人

职称	2014年	2015年	2016年	2017年	2018年	2019年
高级	10263	10819	11382	11851	12171	12991
中级	20063	20699	21519	21837	22655	23289
助理级	13869	14167	14764	15398	16086	16923
员级	593	904	878	918	1012	1245
未定职级	3569	4144	4827	5984	7596	8643

数据来源：2014—2019年广西教育事业统计报表。
备注：统计口径根据《广西壮族自治区深化中小学教师职称制度改革实施方案》调整。

　　2019年与2018年相比，广西普通高中专任教师中，高级、中级、助理级、员级、未定职称的专任教师分别增长了6.74%、2.80%、5.20%、23.02%、13.78%。2019年与2014年相比，高级、中级、助理级、员级、未定职称的专任教师分别增长了26.58%、16.08%、22.02%、109.95%、142.17%。

4. 2014—2019年广西各市普通高中专任教师数比较

单位：人

地区	2014年	2015年	2016年	2017年	2018年	2019年
广西全区	48357	50733	53370	55988	59520	63091
南宁市	7554	7870	8331	8616	9212	9767
柳州市	3383	3498	3686	4111	4448	4774
桂林市	5025	5148	5223	5283	5392	5694
梧州市	2960	3333	3399	3457	3691	3956
北海市	1986	2027	2063	2165	2315	2445
防城港市	759	772	783	985	1182	1262
钦州市	2998	3046	3148	3255	3516	3873
贵港市	5660	6020	6393	6729	7079	7401
玉林市	5728	6182	6618	7036	7481	7963
百色市	3061	3257	3577	3910	4104	4338
贺州市	1827	1905	2001	2058	2141	2276
河池市	3390	3528	3779	3933	4171	4281
来宾市	2419	2477	2620	2636	2763	2798
崇左市	1607	1670	1749	1814	2025	2263

数据来源：2014—2019年广西教育事业统计报表。

2019年与2018年相比，广西普通高中专任教师数增加了3571人，增长最多的是南宁市，增加了555人，其次是玉林市和钦州市，分别增加了482人和357人；增长率最高的是崇左市，增长了11.75%，其次是钦州市和柳州市，分别增长了10.15%和7.33%。2019年与2014年相比，广西普通高中专任教师数增加了14734人，增加最多的是玉林市，增加了2235人。

5. 2014—2019年广西各市普通高中专任教师生师比比较

地区	2014年	2015年	2016年	2017年	2018年	2019年
广西全区	17.33	17.06	17.22	17.41	17.40	17.29
南宁市	16.07	15.90	15.76	15.90	15.60	15.53
柳州市	16.86	16.78	16.89	15.96	15.87	15.82
桂林市	13.75	13.60	14.07	14.52	14.96	14.92
梧州市	18.06	16.20	16.41	16.57	16.19	16.16
北海市	16.01	16.01	16.81	17.16	17.16	16.77
防城港市	18.89	19.57	20.53	17.44	15.52	15.33
钦州市	16.82	16.82	17.53	18.20	18.27	17.66
贵港市	18.53	18.10	18.45	19.02	19.40	19.22
玉林市	19.65	19.14	19.38	19.66	19.52	19.12
百色市	19.16	19.08	18.65	18.17	18.45	18.28
贺州市	16.99	16.97	16.53	16.68	16.90	16.59
河池市	19.96	19.45	18.77	18.97	19.09	19.62
来宾市	16.45	16.32	16.05	16.79	16.80	17.70
崇左市	16.27	16.96	17.81	18.84	18.53	18.17

数据来源：2014—2019年广西教育事业统计报表。

2019年与2018年相比，广西各市普通高中专任教师生师比下降0.63%。2019年与2014年相比，生师比降低了0.23%，其中降低率居前三位的是防城港市、梧州市、柳州市，分别下降了18.85%、10.52%和6.17%。就整个广西而言，2019年与2014年相比，普通高中专任教师生师比减少了0.04。2019年最大值与最小值的差值为4.7，2014年该值为6.21，说明各市之间的差距在缩小。

6. 2014—2019年广西普通高中生师比比较

数据来源：2014—2019年广西教育事业统计报表。

2019年与2018年相比，广西普通高中生师比下降了0.11。2019年与2014年相比，广西普通高中生师比下降了0.04。2014年至2019年，广西普通高中生师比呈先下降后上升最后再下降的趋势，其中2015年至2017年分别增长了0.16、0.19，2014年至2015年下降了0.27，2018年至2019年下降了0.11。

7. 2019年广西城市、县镇、农村普通高中教师学历结构比较

单位：人

地区	研究生	本科	专科	高中
城市	3108	25999	373	2
县镇	1051	30370	750	29
农村	83	1244	79	1

数据来源：2019年广西教育事业统计报表。

  2019年广西普通高中教师学历结构中，本科学历的教师最多，占91.32%，其次为研究生学历，占6.72%，专科学历的教师占1.91%，高中学历的教师占0.05%。具有研究生学历的教师主要集中在城市，占此阶段研究生总数的73.27%，为3108人，比县镇多2057人，比农村多3025人。城市普通高中教师的学历结构依次为研究生学历10.54%，本科学历88.19%，专科学历1.27%，高中学历0.01%。县镇普通高中教师的学历结构依次为研究生学历3.26%，本科学历94.32%，专科学历2.33%，高中学历0.09%。农村普通高中教师的学历结构依次为研究生学历5.90%，本科学历88.42%，专科学历5.61%，高中学历0.07%。

8. 2019年广西城市、县镇、农村普通高中教师职称结构比较

单位：人

地区	正高级	副高级	中级	助理级	员级	未定职级
城市	94	6269	10893	7632	493	4103
县镇	97	6238	11999	9049	742	4075
农村	22	271	397	242	10	465

数据来源：2019年广西教育事业统计报表。
备注：统计口径根据《广西壮族自治区深化中小学教师职称制度改革实施方案》调整。

2019年广西普通高中教师职称结构中，中级职称的教师最多，占36.91%，其次为助理级职称，占26.82%，正高级职称的教师占0.34%，副高级职称的教师占20.25%，员级职称的教师占1.97%，未定职称的教师占13.70%。具有正高级职称的教师主要集中在县镇，占45.54%，为97人，比城市多3人，比农村多75人。普通高中的正高级、副高级、中级、助理级、员级和未定职称的职称结构中，城市依次为44.13%、49.06%、46.77%、45.10%、39.60%、47.47%；县镇依次为45.54%、48.82%、51.52%、53.47%、59.60%、47.15%；农村依次为10.33%、2.12%、1.70%、1.43%、0.80%、5.38%。

四、中等职业教育

（一）教育规模

1. 2014—2019年中等职业教育发展规模情况

指标	2014年	2015年	2016年	2017年	2018年	2019年
学校数/所	262	280	276	271	249	248
在校生数/人	782675	736360	698572	686797	677550	680286
招生数/人	271153	256897	256261	252803	247944	259391
毕业生数/人	230497	231889	224426	199722	185663	196423
校均规模/（人/所）	2987.31	2629.86	2531.06	2534.31	2721.08	2743.09

数据来源：2014—2019年广西教育事业统计报表。
注：2014年中职学校数不含空壳学校。

　　2019年与2018年相比，广西中等职业教育发展规模中，学校数减少了1所，减少率为0.40%，在校生数、招生数、毕业生数依次增加了2736人、11447人、10760人，增长率分别为0.40%、4.62%、5.80%；校均规模增加了22.01人/所，增长率为0.81%。2019年与2014年相比，广西中等职业教育发展规模中，学校数、在校生数、招生数、毕业生数、校均规模分别减少了14所、102389人、11762人、34074人、244.22人/所，减少率依次为5.34%、13.08%、4.34%、14.78%、8.18%。

2. 2019年广西各市中等职业教育学校数、在校生数、校均规模比较

地区	学校数/所	在校生数/人	校均规模/（人/所）
广西全区	248	680286	2743.09
南宁市	78	242387	3107.53
柳州市	12	41017	3418.08
桂林市	27	32320	1197.04
梧州市	12	42884	3573.67
北海市	6	25099	4183.17
防城港市	3	9790	3263.33
钦州市	8	42888	5361.00
贵港市	11	47084	4280.36
玉林市	19	58201	3063.21
百色市	20	41936	2096.80
贺州市	12	22433	1869.42
河池市	15	34112	2274.13
来宾市	10	23036	2303.60
崇左市	15	17099	1139.93

数据来源：2014—2019年广西教育事业统计报表。

注：南宁市含区直属中职学校。

2019年，广西各市中等职业教育学校数的平均值为17.71所，数量最多的南宁市有78所，其次是桂林市有27所；数量最少的是防城港市，仅为3所。各市平均在校生数为48592人，各市之间的差距很大，最大值与最小值相差232597人，其中排在前列的是南宁市和玉林市。2019年，广西校均规模为2743.09人/所，校均规模最大的是钦州市，为5361.00人/所，校均规模最小的是崇左市，为1139.93人/所，两者相差4221.07人/所。

3. 2014—2019 年广西中等职业学校主要专业及其招生人数比较

单位：人

专业	2014 年	2015 年	2016 年	2017 年	2018 年	2019 年
农林牧渔类	26229	24618	13345	14441	12352	11489
资源环境类	87	41	93	70	91	155
能源与新能源类	521	229	258	261	695	365
土木水利类	6984	6530	6307	6408	6970	8115
加工制造类	47858	41126	39946	35118	31625	33258
交通运输类	40459	40209	41933	40197	38570	39202
信息技术类	44169	40186	41575	41283	37959	39502
医药卫生类	21824	21545	21663	19392	20176	22413
财经商贸与旅游类	34371	32371	33596	33617	35866	34717
文化艺术与体育类	11754	10580	11171	12249	13521	13783
社会公共事业类	1880	2137	2369	1835	2380	3224
师范类	15015	16148	21988	21887	20531	20922
其他	1070	578	714	2076	3447	3472

数据来源：2014—2019 年广西教育事业统计报表。

　　2019 年与 2018 年相比，广西中等职业学校主要专业的招生人数中，增加量最大的是医药卫生类，增加了 2237 人；增长率最大的是资源环境类，增长了 70.33%；减少量最大的是财经商贸与旅游类，减少了 1149 人；降低率最大的是能源与新能源类，下降了 47.48%。2019 年与 2014 年相比，增加量最大的是师范类专业，增加了 5907 人；增长率最大的是其他类专业，增长了 224.49%；减少量最大的是农林牧渔类专业，减少了 14740 人；降低率最大是农林牧渔类，下降了 56.20%。

（二）教师数量与结构

1. 2014—2019年广西中等职业教育教职工总数、专任教师数比较

数据来源：2014—2019年广西教育事业统计报表。

2014年到2019年间，2015年、2018年、2019年广西中等职业教育教职工总数分别比上一年减少了534人、688人、384人，减少率分别为1.90%、2.45%、1.40%。2016年到2017年广西中等职业教育教职工总数逐年上升，分别比上一年增加了305人、151人，增长率分别为1.10%、0.54%。2019年与2014年相比，广西中等职业教育教职工总数减少了1150人。2014年至2019年广西中等职业专任教师总数总体呈下降趋势，2019年与2014年相比，减少13人，其中2017年至2018年减少最大，减少率为3.01%，减少人数为631人；2014年至2015年减少率为0.57%，减少人数为117人。

2. 2019年广西各市中等职业教育教职工总数、专任教师数比较

数据来源：2019年广西教育事业统计报表。

2019年广西中等职业教育教职工总数各市平均为1930人，但各市之间的差距较大，最多的南宁市为10939人，最少的防城港市为141人，两者相差10798人。2019年广西中等职业教育专任教师数各市平均为1459人，最多的南宁市为8130人，最少的防城港市为129人，两者相差8001人。

3. 2019年广西各市中等职业教育生师比情况比较

数据来源：2019年广西教育事业统计报表。

2019年广西的中等职业教育生师比的平均值为33.30，其中有七个城市的生师比低于平均值，这七个城市中由低到高排列依次为：桂林市、柳州市、南宁市、崇左市、河池市、贺州市、来宾市，它们分别比全区的平均值低了7.99、4.70、3.49、2.82、2.43、1.70、0.39；生师比最大的是防城港市为75.89，最小的是桂林市为25.31，两者差距为50.58。

4. 2014—2019年广西中等职业教育专任教师年龄结构比较

单位：人

年龄	2014年	2015年	2016年	2017年	2018年	2019年
29岁及以下	4112	3931	4217	4637	4527	4588
30—34岁	4231	4130	4110	3949	3782	3645
35—39岁	3600	3538	3490	3443	3471	3418
40—44岁	3357	3355	3303	3236	2947	2838
45—49岁	2809	2764	2829	2746	2645	2708
50—54岁	1487	1782	2019	2098	2147	2237
55—59岁	719	716	685	741	749	953
60岁及以上	102	84	80	92	43	43

数据来源：2014—2019年广西教育事业统计报表。

　　2019年与2018年相比，广西中等职业教育专任教师30—34岁、35—39岁、40—44岁的教师在减少，分别减少了3.62%、1.53%、3.70%，60岁及以上专任教师人数与上年相等，其余年龄段的教师都在增加。其中，29岁及以下的教师增长了1.35%，45—49岁的教师增长了2.38%，50—54岁的教师增长了4.19%，55—59岁的教师增长了27.24%。2019年与2014年相比，30—34岁、35—39岁、40—44岁、45—49岁、60岁及以上的专任教师在减少，分别下降了13.85%、5.06%、15.46%、3.60%、57.84%，29岁及以下、50—54岁以及55—59岁的教师在增加，29岁及以下的教师增长了11.58%，50—54岁的教师增长了50.44%，55—59岁的教师增长了32.55%。

5. 2014—2019年广西中等职业教育专任教师学历结构比较

单位：人

学历	2014年	2015年	2016年	2017年	2018年	2019年
博士	23	16	26	26	8	11
硕士	1559	1727	1979	2027	1930	2073
本科	16073	16101	16503	16681	16365	16515
专科	2605	2316	2114	2024	1874	1714
高中及以下	157	140	111	184	134	117

数据来源：2014—2019年广西教育事业统计报表。

　　2019年与2018年相比，广西中等职业教育专任教师学历结构中，具有博士学研究生学历、硕士研究生学历、本科学历的教师人数都在增加，分别增长了37.50%、7.41%、0.92%；具有专科学历、高中及以下学历的教师人数都在减少，分别下降了8.54%、12.69%。2019年与2014年相比，具有硕士研究生学历的教师增长了32.97%；本科学历的教师增长了2.75%；博士研究生学历的教师下降了52.17%；专科学历的教师下降了34.20%；高中及以下学历的教师下降了25.48%。

6. 2014—2019 年广西中等职业教育专任教师职称结构比较

单位：人

职称	2014 年	2015 年	2016 年	2017 年	2018 年	2019 年
正高级	183	171	106	81	76	96
副高级	3301	3393	3627	3607	3478	3553
中级	8848	8575	8536	8221	7976	7541
初级	5855	5684	5748	5688	5580	5697
未定职级	2230	2477	2716	3345	3201	3543

数据来源：2014—2019 年广西教育事业统计报表。

2019 年与 2018 年相比，广西中等职业教育专任教师中，正高级、副高级、初级以及未定职级教师都在增加，分别增长了 26.32%、2.16%、2.10%、10.68%；中级职称教师人数在减少，下降了 5.45%。2019 年与 2014 年相比，副高级、未定职级的教师分别增长了 7.63%、58.88%，其他职称的教师人数都在减少，其中正高级职称教师减少了 47.54%、中级职称教师减少了 14.77%、初级职称教师减少了 2.70%。

五、高等教育

（一）教育规模

1. 2014—2019年广西普通高校本科教育学校数、在校生数、招生数、毕业生数、校均规模比较

年份/指标	学校数/所	在校生数/人	招生数/人	毕业生数/人	校均规模/（人/校）
2014年	33	355979	98300	70983	10787.24
2015年	36	387593	111339	76807	10766.47
2016年	36	422949	120952	82517	11748.58
2017年	36	456835	126369	88932	12689.86
2018年	37	491574	135702	97498	13285.78
2019年	38	522722	143228	108080	13755.84
2019年较2014年增加数量	5	166743	44928	37097	2968.60

数据来源：2014—2019年广西教育事业统计报表。

2014年至2019年，广西普通高校本科教育中，学校数、在校生数、招生数、毕业生数、校均规模呈总体增长趋势，学校数增长率依次为9.09%、0%、0%、2.78%、2.70%；在校生数增长率依次为8.89%、9.12%、8.01%、7.60%、6.33%；招生数增长率依次为13.26%、8.63%、4.48%、7.39%、5.55%；毕业生数增长率依次为8.20%、7.43%、7.77%、9.63%、10.85%；校均规模有增有减，依次为-0.19%、9.12%、8.01%、4.70%、3.54%。2019年与2014年相比，广西普通高校本科教育学校数、在校生数、招生数、毕业生数、校均规模分别增加了5所、166743人、44928人、37097人、2968.60人/校，依次增长了15.15%、46.84%、45.70%、52.26%、27.52%。

2. 2014—2019年广西普通高校高职高专（专科）学校数、在校生数、招生数、毕业生数、校均规模比较

年份/指标	学校数/所	在校生数/人	招生数/人	毕业生数/人	校均规模/（人/校）
2014年	37	345934	129423	103067	9349.57
2015年	35	363588	130065	105851	10388.23
2016年	37	387333	138585	106924	10468.46
2017年	38	409881	153500	121734	10786.34
2018年	39	450653	168279	116290	11555.21
2019年	40	553686	237666	125064	13842.15
2019年较2014年增加数量	3	207752	108243	21997	4492.58

数据来源：2014—2019年广西教育事业统计报表。

2014年至2019年，广西普通高校高职高专（专科）学校数有增有减，变动幅度依次为-5.41%、5.71%、2.70%、2.63%、2.56%；在校生数增长率依次为5.10%、6.53%、5.82%、9.95%、22.86%；招生数增长率依次为0.50%、6.55%、10.76%、9.63%、41.23%；毕业生数有增有减，变动幅度依次为2.70%、1.01%、13.85%、-4.47%、7.54%；校均规模增长率依次为11.11%、0.77%、3.04%、7.13%、19.79%。2019年与2014年相比，广西普通高校高职高专（专科）学校数、在校生数、招生数、毕业生数、校均规模分别增加了3所、207752人、108243人、21997人、4492.58人/校，依次增长了为8.11%、60.06%、83.64%、21.34%、48.05%。

3. 2014—2019年广西研究生教育学校数、在校生数、招生数、毕业生数、校均规模比较

年份/指标	学校数/所	在校生数/人	招生数/人	毕业生数/人	校均规模/（人/校）
2014年	13	25888	9238	8007	1991.38
2015年	13	26731	9619	8444	2056.23
2016年	13	27713	10025	8840	2131.77
2017年	13	30404	12038	9044	2338.77
2018年	13	34106	13125	9146	2623.54
2019年	14	38222	14329	9867	2730.14
2019年较2014年增加数量	1	12334	5091	1860	738.76

数据来源：2014—2019年广西教育事业统计报表。

2014年至2019年，广西研究生教育中，在校生数、招生数、毕业生数、校均规模呈依次增长趋势。其中，在校生数分别增长了3.26%、3.67%、9.71%、12.18%、12.07%；招生数分别增长了4.12%、4.22%、20.08%、9.03%、9.17%；毕业生数分别增长了5.46%、4.69%、2.31%、1.13%、7.88%；校均规模逐步增加，增加幅度依次为3.26%、3.67%、9.71%、12.18%、4.06%；学校数基本保持稳定。2019年与2014年相比，广西研究生教育中，学校数、在校生数、招生数、毕业生数、校均规模分别增加了1所、12334人、5091人、1860人、738.76人/校，依次增长了7.69%、47.64%、55.11%、23.23%、37.10%。

4. 2014—2019年广西高等教育招生人数比较

数据来源：2014—2019年广西教育事业统计报表。

　　2014年至2019年，广西高等教育招生数呈上升趋势，依次增加了17589人、10395人、30267人、60568人、60374人，同比增长了5.16%、2.90%、8.20%、15.17%、13.13%。其中2018年增幅最大，为15.17%，2016年的增幅最小，为2.90%。2019年与2014年相比，招生数增加了179193人，增长率为52.54%。从整体上看，自2014年以来，广西高等教育学校招生规模呈上升趋势。

5. 2014—2019年广西高等教育毕业生人数比较

数据来源：2014—2019年广西教育事业统计报表。

　　2014年至2019年，广西高等教育毕业生数总体上呈上升趋势，2017年至2018年毕业生人数有所减少，减少了1032人，降低了0.33%，其他年份分别增加了16966人、16171人、25087人、26735人，依次增长了6.57%、5.87%、8.61%、8.47%。其中2017年的增幅最大，为8.61%。2019年与2014年相比，毕业生人数增加了83927人，增长率为32.49%。从总体上看，广西高等教育毕业生规模显著增加。

6. 2014—2019年广西高等教育毛入学率比较

数据来源：2014—2019年广西教育事业统计报表。

　　2014年至2019年，广西普通高等教育毛入学率呈现不断上升趋势，各年的毛入学率分别增长了3.50个百分点、2.60个百分点、5.10个百分点、3.10个百分点、4.80个百分点。2014年的毛入学率已经达到了27.30%，2019年的入学率达到了43.80%。2019年与2014年相比，毛入学率增加了16.50个百分点。从毛入学率方面看，广西普通高等教育有了很大的提高。

（二）教师数量与结构

1. 2014—2019年广西普通高校本科院校教职工总数、专任教师数比较

数据来源：2014—2019年广西教育事业统计报表。

2014年至2019年，广西普通高校本科院校教职工总数、专任教师数呈依次增长趋势，教职工总数分别增长了8.48%、5.01%、4.40%、2.36%、12.88%；专任教师数依次增长了5.54%、2.89%、5.77%、3.17%、9.47%。2019年与2014年相比，教职工总数和专任教师数分别增加了15333人和7757人，分别增长了37.43%和29.73%；2014年至2019年，教职工总数年均增长6.57%，专任教师数年均增长5.34%。

2. 2014—2019 年广西普通高校高职高专（专科）学校教职工总数、专任教师数比较

数据来源：2014—2019 年广西教育事业统计报表。

2014 年至 2019 年，广西普通高校高职高专（专科）学校教职工总数有增有减，变动幅度依次为 -4.53%、7.99%、7.00%、5.17%、3.58%；专任教师数也有增有减，变动幅度依次为 -4.31%、9.02%、9.83%、7.64%、4.10%。2019 年与 2014 年相比，教职工总数增加了 3330 人，增长了 20.17%；专任教师数增加了 3289 人，增长了 28.38%。2014 年至 2019 年，教职工总数年均增长 3.74%，专任教师数年均增长 5.12%。

3. 2014—2019年广西普通高校本科院校、高职高专（专科）学校生师比比较

数据来源：2014—2019年广西教育事业统计报表。

2014至2019年，广西普通高校本科院校的生师比从整体看呈上升的趋势，年均增长率为2.51%；生师比最高的是2018年，达到15.90，最低的是2014年，为13.64。而高职高专（专科）学校的生师比有所起伏，年均增长率为4.51%，2014年至2015年呈上升趋势，上升了2.93；2015年至2017年生师比分别下降了0.75、1.17；生师比最高的是2019年，为37.21；最低的是2014年，为29.85。

4. 2014—2019年广西普通高校专任教师学历结构比较

单位：人

年份	博士研究生	硕士研究生	本科	专科及以下
2014年	4328	16302	16532	518
2015年	4646	17181	16232	566
2016年	4978	18791	16140	512
2017年	5875	20161	16730	480
2018年	6481	21216	17102	412
2019年	7687	22841	18190	442

数据来源：2014—2019年广西教育事业统计报表。

2014年至2019年，广西普通高校专任教师中，博士研究生学历的教师依次增长了7.35%、7.15%、18.02%、10.31%、18.61%；硕士研究生学历的教师依次增长了5.39%、9.37%、7.29%、5.23%、7.66%；本科学历的教师有增有减，变动幅度依次为−1.81%、−0.57%、3.66%、2.22%、6.36%；专科及以下学历的教师有增有减，变动幅度依次为9.27%、−9.54%、−6.25%、−14.17%、7.28%。2019年与2018年相比，广西普通高校专任教师学历层次有所提高，其中博士研究生学历的教师增加了1206人，增长了18.61%；硕士研究生学历的教师增加了1625人，增长了7.66%；本科学历的教师增加了1088人，增长了6.36%；专科及以下学历的教师增长了30人，增加了7.28%。2019年与2014年相比，博士研究生、硕士研究生学历人数、本科学历人数、专科及以下学历人数有增有减，变动幅度依次为77.61%、40.11%、10.03%、−14.67%。

5. 2014—2019年广西普通高校专任教师年龄结构比较

单位：人

年份	29岁及以下	30—34岁	35—39岁	40—44岁	45—49岁	50—54岁	55—59岁	60—64岁	65岁及以上
2014年	6350	8935	6587	5489	4614	3553	1567	431	154
2015年	5832	8960	7381	5780	4496	4195	1394	432	155
2016年	5801	9160	8285	5779	4549	4731	1424	535	157
2017年	6041	9266	9443	6105	5031	4828	1692	640	200
2018年	5854	8848	10336	6494	5427	4633	2511	835	273
2019年	6512	9179	10934	7488	5927	4757	3296	777	290

数据来源：2014—2019年广西教育事业统计报表。

　　2019年与2018年相比，广西普通高校专任教师中，各年龄段教师除60至64岁减少了58人，降低了6.95%。其他年龄段均有所增加，分别增加了658人、331人、598人、994人、500人、124人、785人、17人，分别增长了11.24%、3.74%、5.79%、15.31%、9.21%、2.68%、31.26%、6.23%。2019年与2014年相比各年龄段的教师人数均有所增加，35至39岁增加最多，增加了4347人，65岁及以上增加最少，增加了136人。

6. 2014—2019年广西普通高校专任教师职称结构比较

单位：人

年份	正高级	副高级	中级	初级	未定职称
2014年	3993	10262	14826	4204	4395
2015年	4100	10401	15574	3960	4590
2016年	4412	10733	16416	3421	5439
2017年	4701	11582	17294	3411	6258
2018年	4905	12164	17899	3183	7060
2019年	5383	13048	18781	3125	8823

数据来源：2014—2019年广西教育事业统计报表。

　　2014年至2019年，广西普通高校专任教师中，正高级、副高级、中级、未定职称的教师总体上呈增长趋势，正高级职称的教师增长率依次为2.68%、7.61%、6.55%、4.34%、9.75%；副高级职称的教师增长率依次为1.35%、3.19%、7.91%、5.03%、7.27%；中级职称的教师增长率依次为5.05%、5.41%、5.35%、3.50%、4.93%；未定职称的教师增长率依次为4.44%、18.50%、15.06%、12.82%、24.97%；初级职称教师呈减少趋势，降低率依次为5.80%、13.61%、0.29%、6.68%、1.82%。2019年与2018年相比，广西普通高校专任教师正高级、副高级、中级职称、未定职级的教师都有所增长，分别增加了478人、884人、882人、1763人，分别增长了9.75%、7.27%、4.93%、24.97%；初级职称的教师减少了58人，减少了1.82%。2019年与2014年相比，除初级职称人数减少了1079人，减少了25.67%；正高级、副高级、中级和未定职称人数均有所增加，分别增加了1390人、2786人、3955人、4428人，分别增长了34.81%、27.15%、26.68%、100.75%。

六、民办教育

（一）学前教育

1. 2014—2019 年广西民办学前教育幼儿园数、在园儿童数、招生数比较

年份/指标	幼儿园数/所	在园儿童数/人	招生数/人
2014年	8469	1121366	561742
2015年	9006	1238018	606881
2016年	9504	1303705	610640
2017年	9974	1413493	629978
2018年	10627	1498153	684166
2019年	11033	1487327	547057
2019年较2014年增加数量	2564	365961	−14685

数据来源：2014—2019年广西教育事业统计报表。

2019年与2018年相比，广西民办学校教育规模中幼儿园数量增加了406所，增长了3.82%；在园儿童数减少了10826人，降低了0.72%；招生数减少了137109人，降低了20.04%。2019年与2014年相比，广西民办学校教育规模中幼儿园数量增加了2564所，增长了30.28%；在园儿童数增加了365961人，增长了32.64%；招生数减少了14685人，降低了2.61%。2014年至2019年，民办学前教育幼儿园数、在园儿童数、招生数的年均增长率分别为5.43%、5.81%、−0.53%。

2. 2014—2019年广西民办学前教育教职工总数、专任教师数及生师比比较

年份	教职工总数/人	专任教师数/人	在园儿童数/人	生师比
2014年	92727	49892	1121366	22.48
2015年	105286	55713	1238018	22.22
2016年	115909	59919	1303705	21.76
2017年	128770	66035	1413493	21.41
2018年	141529	71327	1498153	21.00
2019年	149124	74552	1487327	19.95

数据来源：2014—2019年广西教育事业统计报表。

2019年与2018年相比，广西学前教育教职工总数增加了7595人，增长了5.37%；专任教师数增加了3225人，增长了4.52%；在园儿童数减少了10826人，降低了0.72%；生师比由21.00下降至19.95，降低了1.05。2019年与2014年相比，广西学前教育教职工总数增加了56397人，增长了60.82%，年均增长9.97%；专任教师数增加了24660人，增长了49.43%，年均增长8.36%；在园儿童数增加了365961人，增长了32.64%，年均增长5.81%；生师比稳步降低，下降了2.53。

3. 2014—2019年广西城市、县镇、农村民办幼儿园园长人数比较

单位：人

年份	园长总数	城市幼儿园园长数	县镇幼儿园园长数	农村幼儿园园长数
2014年	9833	2480	4023	3330
2015年	10548	2653	4397	3498
2016年	11236	3114	4589	3533
2017年	11774	3427	4759	3588
2018年	12504	3554	5005	3945
2019年	12836	3832	5035	3969

数据来源：2014—2019年广西教育事业统计报表。

2019年与2018年相比，广西民办幼儿园园长总数增加了332人，增长了2.66%；其中广西城市民办幼儿园园长人数增加了278人，增长了7.82%；县镇民办幼儿园园长人数增加了30人，增长了0.60%；农村民办幼儿园的园长人数增加了24人，增长了0.61%。2019与2014年相比，广西民办幼儿园园长总数增加了3003人，增长了30.54%，年均增长为5.47%；其中广西城市民办幼儿园园长人数增加了1352人，增长了54.52%，年均增长9.09%；县镇民办幼儿园园长人数增加了1012人，增长了25.16%，年均增长4.59%；农村民办幼儿园的园长人数增加了639人，增长了19.19%，年均增长3.57%。

（二）义务教育

1. 2014—2019年广西民办小学教育学校数、在校生数、招生数、毕业生数、校均规模比较

指标	2014年	2015年	2016年	2017年	2018年	2019年
学校数/所	172	179	190	195	193	194
在校生数/人	153285	156375	157771	164839	173099	181549
招生数/人	25597	26493	25372	26150	28593	30706
毕业生数/人	24324	24948	26844	27880	28649	31047
校均规模/（人/所）	891.19	873.60	830.37	845.33	896.89	935.82

数据来源：2014—2019年广西教育事业统计报表。

2014年至2019年，广西民办小学教育中，学校数依次变化了7所、11所、5所、-2所、1所，变动幅度依次为4.07%、6.15%、2.63%、-1.03%、0.52%，年均增长2.44%。在校生数分别增加了3090人、1396人、7068人、8260人、8450人，变化幅度依次为2.02%、0.89%、4.48%、5.01%、4.88%，年均增长3.44%；招生人数依次变化了896人、-1121人、778人、2443人、2113人，变动幅度依次为3.50%、-4.23%、3.07%、9.34%、7.39%，年均增长3.71%；毕业生数分别增加了624人、1896人、1036人、769人、2398人，变动幅度依次为2.57%、7.60%、3.86%、2.76%、8.37%，年均增长5.00%；校均规模分别增加了-17.59人/所、-43.23人/所、14.96人/所、51.56人/所、38.93人/所，变动幅度依次为-1.97%、-4.95%、1.80%、6.10%、4.34%，年均增长0.98%。

2. 2014—2019年广西民办初中教育学校数、在校生数、招生数、毕业生数、校均规模比较

指标	2014年	2015年	2016年	2017年	2018年	2019年
学校数/所	153	154	155	155	161	182
在校生数/人	93253	97506	101566	107325	113392	124250
招生数/人	32916	33700	35015	37857	40854	43770
毕业生数/人	26683	27933	31937	32707	33135	34885
校均规模/（人/所）	609.50	633.16	655.26	692.42	704.30	682.69

数据来源：2014—2019年广西教育事业统计报表。

2019年与2018年相比，广西民办初中教育中，学校数、在校生数、招生数、毕业生数分别增加了21所、10858人、2916人、1750人，校均规模减少了21.61人/所，增减率依次为13.04%、9.58%、7.14%、5.28%、−3.07%。2019年与2014年相比，广西民办初中教育中的学校数、在校生数、招生人数、毕业生数、校均规模分别增加29所、30997人、10854人、8202人、73.19人/所，增长率依次为18.95%、33.24%、32.97%、30.74%、12.01%，年均增长率为3.53%、5.91%、5.87%、5.51%、2.29%。

（三）高中教育

2014—2019年广西民办高中教育学校数、在校生数、招生数、毕业生数、校均规模比较

指标	2014年	2015年	2016年	2017年	2018年	2019年
学校数/所	75	88	95	99	101	113
在校生数/人	78277	90908	105700	120372	129274	140272
招生数/人	31839	36969	43791	46025	47996	54224
毕业生数/人	19017	21515	25147	28692	32489	40407
校均规模/（人/所）	1043.69	1033.05	1112.63	1215.88	1279.94	1241.35

数据来源：2014—2019年广西教育事业统计报表。

2019年与2018年相比，广西民办高中教育中，学校数、在校生数、招生数、毕业生数分别增加12所、10998人、6228人、7918人，校均规模减少了38.59人/所，这几项指标的增长率依次为11.88%、8.51%、12.98%、24.37%，校均规模降低了3.01%。2019年与2014年相比，广西民办高中教育中，学校数、在校生数、招生数、毕业生数、校均规模分别增加38所、61995人、22385人、21390人、197.66人/所，增长率依次为50.67%、79.20%、70.31%、112.48%、18.94%。

（四）中等职业教育

1. 2015—2019 年广西民办中职教育学校数、在校生数、招生数、毕业生数、校均规模比较

指标	2015年	2016年	2017年	2018年	2019年
学校数/所	71	69	64	58	61
在校生数/人	72766	68276	72946	85559	88214
招生数/人	25601	28313	29337	33980	36974
毕业生数/人	26174	23232	20687	19151	28295
校均规模/（人/所）	1024.87	989.51	1139.78	1475.16	1446.13

数据来源：2015—2019 年广西教育事业统计报表。

2019 年与 2018 年相比，广西民办中等职业教育学校数增加 3 所，增长率为 5.17%；在校生数增加 2655 人，增长率为 3.10%；招生数增加 2994 人，增长率为 8.81%；毕业生数增加 9144 人，增长率为 47.75%；校均规模减少 29.03 人/所，减少率为 1.97%。2019 年与 2015 年相比，广西民办中等职业教育学校数减少 10 所，减少率为 14.08%；在校生数增加 15448 人，增长率为 21.23%；招生数增加 11373 人，增长率为 44.42%；毕业生数增加 2121 人，增长率为 8.10%；校均规模增加 421.26 人/所，增长率为 41.10%。

2. 2015—2019 年广西民办中等职业教育教职工总数、专任教师数比较

数据来源：2015—2019 年广西教育事业统计报表。

2019 年与 2018 年相比，广西民办中等职业教育教职工总数减少了 17 人，减少率为 0.53%；专任教师数增加了 135 人，增长率为 6.58%。2019 年与 2015 年相比，广西民办中等职业教育教职工总数减少了 300 人，减少率为 8.54%；专任教师数减少了 150 人，减少率为 6.42%。

3. 2015—2019年广西民办中等职业教育专任教师职称结构比较

单位：人

职称	2015年	2016年	2017年	2018年	2019年
正高级	127	59	23	36	35
副高级	194	241	175	156	143
中级	745	748	630	633	595
初级	653	652	564	502	571
未定职级	617	550	693	724	842

数据来源：2015—2019年广西教育事业统计报表。

2019年与2018年相比，广西民办中等职业教育专任教师的数量呈上升趋势。其中，初级、未定职称的教师都有所增加，分别增加69人、118人，增长率依次为13.75%、16.30%。正高级职称的教师数减少1人，减少率为2.78%；副高级职称的教师数减少13人，减少率为8.33%；中级职称的教师数减少38人，减少率为6.00%。2019年与2015年相比，广西民办中等职业教育专任教师的数量呈下降趋势。其中，正高级、副高级、中级、初级职称的教师都有所减少，分别减少92人、51人、150人、82人，减少率依次为72.44%、26.29%、20.13%、12.56%；未定职称的教师数增加了225人，增长率为36.47%。

（五）高等教育

1. 2014—2019年广西民办普通高等教育学校数比较

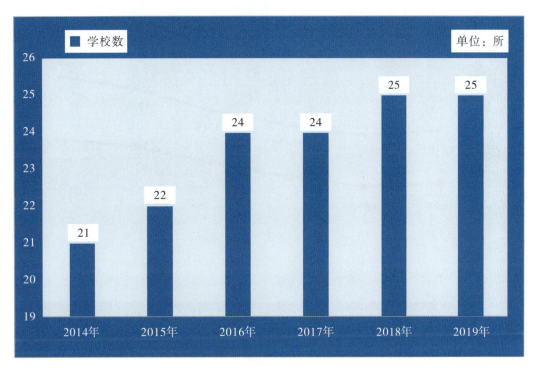

数据来源：2014—2019年广西教育事业统计报表。

2019年与2018年相比，广西民办普通高等教育学校数量增加了0所；2014年学校数量为21所，2015年至2019年广西民办普通高等教育学校数量总体呈上升趋势。2019年与2014年相比，民办普通高等教育学校数量增加了4所，数量相对稳定。

2. 2014—2019年广西民办高等教育学校教职工总数、专任教师数比较

数据来源：2014—2019年广西教育事业统计报表。

2014年至2019年，广西民办普通高等院校教职工总数、专任教师数有增有减，教职工总数变动率分别为－2.55%、6.44%、8.01%、11.66%、5.79%；专任教师数变动率分别为－2.40%、8.51%、11.13%、11.97%、4.74%。2019年与2014年相比，教职工总数和专任教师数分别增加了3267人和2659人，分别增长了32.34%和38.03%；教职工总数年均增长5.76%，专任教师数年均增长6.66%。

3. 2014—2019年广西民办高等教育学校生师比比较

数据来源：2014—2019年广西教育事业统计报表。

2014至2019年，广西民办普通高等院校的生师比从整体看呈上升的趋势，年均增长率为6.40%；生师比最高的年份是2019年，达到27.57，最低的是2014年，为20.22；2019年与2018年相比有所增长，增长了5.37。

4. 2014—2019年广西民办高等教育学校专任教师学历结构比较

单位：人

年份	博士研究生	硕士研究生	本科	专科及以下
2014年	352	3179	3313	148
2015年	297	3200	3153	174
2016年	305	3608	3310	182
2017年	339	3955	3743	192
2018年	324	4314	4398	178
2019年	373	4399	4703	176

数据来源：2014—2019年广西教育事业统计报表。

2014年至2019年，广西民办高等教育学校博士研究生教师有增有减，增长率依次为−15.63%、2.69%、11.15%、−4.42%、15.12%；硕士研究生教师数分别增长0.66%、12.75%、9.62%、9.08%、1.97%；本科学历教师数有增有减，增长率依次为−4.83%、4.98%、13.08%、17.50%、6.93%；专科及以下分别增长17.57%、4.60%、5.49%、−7.29%、−1.12%。

2019年与2018年相比，广西民办普通高校专任教师学历层次有所波动，其中博士研究生学历增加了49人；硕士研究生学历增加了85人；本科学历增加了305人；专科及以下学历减少了2人。2019年与2014年相比，博士研究生、硕士研究生、本科、专科及以下学历人数均增加，依次为5.97%、38.38%、41.96%、18.92%。

5. 2014—2019年广西民办高等教学学校专任教师年龄结构比较

单位：人

年份	30岁及以下	31—35岁	36—40岁	41—45岁	46—50岁	51—55岁	56—60岁	61—65岁	66岁及以上
2014年	1997	1688	909	620	509	512	399	235	123
2015年	1666	1823	988	678	494	521	306	233	115
2016年	1727	1977	1118	745	550	553	307	304	124
2017年	1605	2171	1558	818	669	559	293	386	170
2018年	1798	2312	1955	835	600	484	378	606	246
2019年	1941	2193	2083	919	608	484	553	605	265

数据来源：2014—2019年广西教育事业统计报表。

2019年与2018年相比，广西民办普通高校专任教师中，30岁以下教师人数增加了143人，增长了7.95%；31至35岁的减少了119人，下降了5.15%；36—40岁的增加了128人，增长了6.55%；41—45岁的增加了84人，增长率为10.06%；46—50岁的增加了8人，增长了1.33%；51—55岁的减少了0人，降低了0%；56—60岁增加了175人，增长了46.30%；61—65岁的减少了1人，下降了0.17%；66岁及以上的增加了19人，增长了7.72%。2019年与2014年相比，除30岁及以下和51—55岁教师人数有所减少外，其他年龄段的教师人数均有所增加。

6. 2014—2019年广西民办高等教育学校专任教师职称结构比较

单位：人

年份	正高级	副高级	中级	初级	未定职称
2014年	562	1581	2327	1329	1193
2015年	463	1493	2584	1068	1216
2016年	500	1615	2850	991	1449
2017年	573	1925	3250	718	1763
2018年	656	2162	3488	891	2017
2019年	751	2146	3275	945	2534

数据来源：2014—2019年广西教育事业统计报表。

2014年至2019年，广西民办普通高校专任教师职称正高级人数有增有减，变动幅度依次为-17.62%、7.99%、14.60%、14.49%、14.48%；副高级职称人数有增有减，变动幅度依次为-5.57%、8.17%、19.20%、12.31%、-0.74%；中级职称人数有增有减，变动幅度依次为11.04%、10.29%、14.04%、7.32%、-6.11%；初级职称人数有增有减，变动幅度依次为-19.64%、-7.21%、-27.55%、24.09%、6.06%；未定职级均增长，变动幅度依次为1.93%、19.16%、21.67%、14.41%、25.63%。

2019年与2018年相比，广西民办普通高校专任教师正高级职称人数增加了95人，增长率为14.48%；副高级职称人数减少了16人，下降了0.74%；中级职称人数减少了213人，下降了6.11%；初级职称人数增加了54人，增长了6.06%；未定职级教师人数增加了517人，增长了25.63%。2019年与2014年相比，初级职称人数减少了384人，下降了28.89%；正高级、副高级、中级、未定职级人数均有所增加，分别增加了189人、565人、948人、1341人，分别增长了33.63%、35.74%、40.74%、112.41%。

七、国际教育

1. 2014—2019年广西留学生总数比较

数据来源：2014—2019年广西来华学生管理信息系统。

2019年与2014年相比，广西留学生总数增加了7212人，年均增长率为11.92%。2019年与2018年相比，广西留学生总数增加了1402人，增长了9.14%。2014年至2019年，广西留学生总数皆呈逐年增长趋势。2014年至2019年，广西留学生总数变动额依次为1083人、1774人、2136人、817人、1402人，变动率依次为11.36%、16.71%、17.24%、5.62%、9.14%。从总体上看，广西留学生数量呈逐年增长态势，留学生教育发展势头良好。

2. 2014—2019年广西主要院校留学生人数比较

单位：人

学校/指标	2014年	2015年	2016年	2017年	2018年	2019年
广西大学	1391	1819	1907	2624	2002	1810
广西师范大学	1853	1538	1406	1579	1665	1689
广西民族大学	1335	1303	1243	1074	1327	1555
广西医科大学	1047	1656	1671	962	1162	1099
上述院校所占比重	59.00%	59.48%	50.25%	42.94%	40.12%	36.74%

数据来源：2014—2019年广西来华学生管理信息系统。

　　2014年留学生数量最多的是广西师范大学，为1853人；2015年、2016年、2017年、2018年和2019年广西大学的留学生数量最多，分别为1819人、1907人、2624人、2002人和1810人。2014至2016年，广西大学、广西师范大学、广西民族大学、广西医科大学这四所大学的留学生数量占广西全区当年留学生总数的比重都超过了50%，所占比例依次为59.00%、59.48%、50.25%。2017年至2019年，这四所院校留学生数占当年广西全区留学生总数的比重下降到50%以下，分别为42.94%、40.12%、36.74%，说明广西各高校招收留学生的比例日渐平均，各高校留学生教育得到了均衡发展。

3. 2014—2019年东盟十国来广西的留学生增长情况比较

单位：人

国家/指标	2014年	2015年	2016年	2017年	2018年	2019年	2019年比2018年增长数
菲律宾	17	60	10	14	6	12	6
柬埔寨	171	215	291	401	417	475	58
老挝	734	963	1482	1689	1506	1606	100
马来西亚	101	223	208	267	311	378	67
缅甸	122	162	157	105	146	90	−56
泰国	2405	2451	2957	2731	2835	2710	−125
文莱	0	2	2	2	0	5	5
新加坡	50	27	6	5	54	11	−43
印度尼西亚	654	747	501	850	1146	1130	−16
越南	2538	3015	3123	3401	3068	4245	1177
合计	6792	7865	8737	9465	9489	10662	1173

数据来源：2014—2019年广西来华学生管理信息系统。

2019年与2018年相比，东盟十国来广西的留学生数量中，除缅甸、泰国、新加坡和印度尼西亚外，各国赴广西的留学生数量都有所增加。其中，留学生数增加最多的是越南，增加了1177人；泰国的留学生数量下降最多，减少了125人；全区东盟十国留学生数增加了1173人，增长率为12.36%。2019年与2014年相比，东盟十国中除菲律宾、缅甸和新加坡赴广西的留学生数量有所减少外，其他七国来广西的留学生数量都有不同程度的增加，其中增加量最多的是越南，增加了1707人，增长了67.26%。

4. 2014—2019年东盟十国本科来广西的留学生人数比较

单位：人

国家/指标	2014年	2015年	2016年	2017年	2018年	2019
菲律宾	9	1	0	0	1	3
柬埔寨	75	108	132	169	185	214
老挝	255	365	412	620	716	781
马来西亚	32	45	44	46	47	56
缅甸	24	46	40	30	13	15
泰国	310	473	512	611	568	478
文莱	0	0	0	0	0	0
新加坡	0	0	0	0	0	1
印度尼西亚	112	185	180	149	175	253
越南	1017	939	817	710	683	823
合计	1834	2162	2137	2335	2388	2624

数据来源：2014—2019年广西来华学生管理信息系统。

2014年至2019年，东盟十国赴广西攻读本科的留学生中，人数最多的是越南留学生，其历年占广西东盟留学生数的比例依次为55.45%、43.43%、38.23%、30.41%、28.60%、31.36%，虽然越南始终在东盟留学生中占主要部分，但其所占比重整体呈逐年下降趋势；东盟十国中本科留学生人数增加最多的是老挝，增加了526人。2019年与2018年相比，泰国的本科留学生数量有所减少，减少了90人。其他九国的本科留学生数量保持不变或者有所增加，其中增长幅度最大的为越南，增加了140人，增长率为20.50%。

5. 2014—2019 年东盟十国研究生（含硕士和博士）来广西的留学生人数比较

单位：人

国家/指标	2014 年	2015 年	2016 年	2017 年	2018 年	2019 年
菲律宾	0	2	2	0	2	2
柬埔寨	32	38	41	51	73	64
老挝	122	209	230	246	233	191
马来西亚	25	20	13	7	9	7
缅甸	42	75	69	56	38	31
泰国	160	181	162	164	130	118
文莱	0	0	0	0	0	0
新加坡	6	2	3	1	2	2
印度尼西亚	59	86	81	78	75	66
越南	378	486	459	452	381	321
合计	824	1099	1060	1055	943	802

数据来源：2014—2019 年广西来华学生管理信息系统。

2014 年至 2019 年，东盟十国中，赴广西攻读研究生人数最多的国家是越南，但所占比例整体呈下降趋势，占比率依次为 45.87%、44.22%、43.30%、42.84%、40.40%、40.02%。2019 年与 2018 年相比，除菲律宾、文莱和新加坡三国的研究生数量保持不变外，其他七国研究生来广西留学的留学生数量都呈不同程度的减少，其中越南留学生减少最多，减少了 60 人。2019 年与 2014 年相比，东盟十国研究生来广西的留学生中，除菲律宾、柬埔寨、老挝和印度尼西亚有所增加外，文莱保持不变，其他五国研究生来广西留学的留学生数量都呈不同程度的减少。

第二部分　广西教育经费

一、总体情况

1. 2018年广西各市一般公共预算教育经费情况与2017年比较

地区	一般公共预算教育经费/千元		地区	一般公共预算教育经费/千元	
	2017年	2018年		2017年	2018年
广西全区	91192201	92782077	贵港市	5287651	6205041
南宁市	11708024	12913347	玉林市	8483852	8381524
柳州市	7020336	7292789	百色市	7148386	7218307
桂林市	7670182	7265324	贺州市	3088537	3315555
梧州市	4873504	4688204	河池市	6090907	6126927
北海市	2882286	3194139	来宾市	3111716	3203087
防城港市	1662095	1591391	崇左市	3449705	3359133
钦州市	4823566	5166840			

数据来源：2017年、2018年广西教育经费统计报表。

2018年广西各市一般公共预算教育经费最多的是南宁市，为12913347千元，最少的是防城港市，为1591391千元，两者相差11321956千元。2018年与2017年相比，增长额居前三位的是南宁市、贵港市和钦州市，分别增加了1205323千元、917390千元、343274千元；增长率居前三位的是贵港市、北海市和南宁市，分别增长了17.35%、10.82%和10.29%。

2. 2018年广西各市一般公共预算教育经费占一般公共预算支出比例情况与2017年比较

地区	一般公共预算教育经费占一般公共预算支出比例/%		地区	一般公共预算教育经费占一般公共预算支出比例/%	
	2017 年	2018 年		2017 年	2018 年
南宁市	18.11	18.50	贵港市	22.60	23.52
柳州市	20.20	17.18	玉林市	24.19	22.70
桂林市	17.67	15.94	百色市	18.83	18.34
梧州市	21.23	17.92	贺州市	17.16	17.20
北海市	18.30	18.20	河池市	18.51	17.39
防城港市	13.80	12.50	来宾市	17.46	17.43
钦州市	23.50	24.07	崇左市	15.57	13.04

数据来源：2017年、2018年广西教育经费统计报表。

　　2018年广西各市一般公共预算教育经费占一般公共预算支出比例居前三位的是钦州市、贵港市和玉林市，占比最大的钦州市为24.07%，占比最小的防城港市为12.50%。2018年与2017年相比，一般公共预算教育经费占一般公共预算支出比例增长居前三位的是贵港市、钦州市和南宁市，分别增长了0.92个百分点、0.57个百分点和0.39个百分点。

3. 2018年广西各市一般公共预算教育经费增长与财政经常性收入增长比较

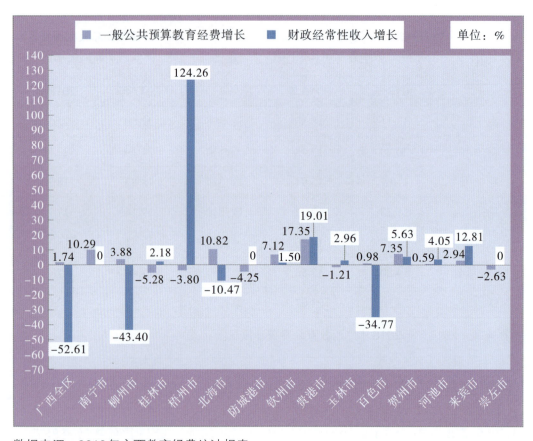

数据来源：2018年广西教育经费统计报表。

2018年广西一般公共预算教育经费增长率为1.74%，财政经常性收入增长率为-52.61%。其中广西各市一般公共预算教育经费，增长率最高的贵港市为17.35%，增长率最低的桂林市为-5.28%，两者相差22.63%；各市财政经常性收入增长率最高的梧州市为124.26%，最低的柳州市为-43.40%，两者相差167.66%。

4. 2014—2018年广西一般公共预算教育经费及一般公共预算教育经费增长、财政经常性收入增长的情况比较

年份	一般公共预算教育经费/亿元	一般公共预算教育经费增长率/%	财政经常性收入增长率/%
2014年	659.35	7.76	6.01
2015年	789.34	19.71	7.07
2016年	850.78	7.78	8.02
2017年	911.92	7.19	5.54
2018年	927.82	1.74	−52.61

数据来源：2014—2018年教育部、国家统计局、财政部关于全国教育经费执行情况统计公告。

　　2014年至2018年，广西一般公共预算教育经费均有所增长，分别比上一年增加了47.50亿元、129.99亿元、61.44亿元、61.14亿元、15.90亿元，分别增长了7.76%、19.71%、7.78%、7.19%、1.74%。2018年与2014年相比，广西一般公共预算教育经费增加了268.47亿元，年均增长率为8.91%。除2014年、2015年一般公共预算教育经费增长率有所增加外，其他年份均有所下降，增长率最低的是2018年，为1.74%。2014年至2018年，财政经常性收入增长率最高的是2016年，为8.02%，最低的是2018年，为−52.61%。

5. 2014—2018年广西教育一般公共预算基本建设经费支出情况比较

数据来源：2014—2018年广西教育经费统计报表。

2014年至2018年，广西教育一般公共预算基本建设经拨款总体呈上升趋势，分别比上一年度增加了-296933千元、272399千元、519891千元、82602.06千元、-597193.06千元，增长率依次为-12.83%、13.50%、22.70%、2.94%、-20.65%。2014年至2018年五年间，广西教育一般公共预算基本建设经拨款增加了277699千元，年均增长率为3.28%，说明广西教育一般公共预算基本建设经费保障水平有所改善。

6. 2014—2018 年广西教育一般公共预算科研拨款情况比较

数据来源：2014—2018 年广西教育经费统计报表。

2014 年到 2018 年广西教育一般公共预算科研拨款波动较大，2014 年到 2016 年，分别比上一年减少了 327961 千元、50643 千元、1506 千元，分别下降了 29.36%、64.18%、5.33%；2017 年与 2016 年比，广西教育一般公共预算科研拨款有显著的增长，增加了 55691.19 千元，增长了 208.11%，但 2018 年与 2017 年相比，广西教育一般公共预算科研拨款出现较大幅度下降，减少了 60808.19 千元，下降了 73.75%；2018 年与 2014 年相比，减少了 57266 千元，下降了 72.57%，年均增长率为 -27.63%。

7. 2018年广西各市学杂费收入与2017年比较

数据来源：2017年、2018年广西教育经费统计报表。

2018年广西全区学杂费收入总额为15684129.28千元，与2017年相比增加了1696387.04千元，增长了12.13%。2018年广西各市学杂费收入居前三位的是南宁市、桂林市、柳州市，分别为1998575.81千元、1067594.35千元、847994.96千元。2018年与2017年相比，学杂费收入增长率居前三位的是河池市、北海市、梧州市，分别为29.41%、19.71%、17.51%。2018年广西各市学杂费最大值与最小值相差1867981.04千元，广西各市学杂费收入的差距在扩大；2017年广西各市学杂费收入最大值为1735717.35千元，最小值为123125.93千元，两者相差1612591.42千元。

8. 2017—2018年广西各市民办学校举办者投入情况比较

地区	2017年民办学校举办者投入		2018年民办学校举办者投入	
	总额/千元	占总投入比重/%	总额/千元	占总投入比重/%
南宁市	64445.07	3.69	32740.46	0.19
柳州市	37676.22	7.02	31309.13	0.35
桂林市	104568.49	10.66	67705.09	0.70
梧州市	1273.97	0.57	2890.87	0.05
北海市	49491.29	14.79	38138.54	0.97
防城港市	1794.00	1.69	12000.00	0.62
钦州市	1855.46	1.02	64308.00	1.03
贵港市	4840.14	0.70	5542.80	0.07
玉林市	17512.74	2.79	47731.70	0.45
百色市	21232.50	5.13	16373.06	0.19
贺州市	10702.28	4.60	10813.85	0.25
河池市	2356.94	0.97	2006.76	0.03
来宾市	7420.28	3.90	7416.49	0.18
崇左市	1439.80	0.87	1117.93	0.03

数据来源：2017年、2018年广西教育经费统计报表。

2018年广西各市民办学校举办者投入额最高的桂林市为67705.09千元，最低的是崇左市为1117.93千元，两者相差66587.16千元。2018年广西各市民办学校举办者投入额占总投入的比重最高的钦州市为1.03%，最低的河池市为0.03%，两者的相差1%。2018年与2017年相比，广西民办学校举办者投入增加额居前三位的是钦州市、玉林市、防城港市，分别增长了62452.54千元、30218.96千元、10206.00千元，广西各市民办学校举办者投入额占总投入的比重除钦州市有所增长外，其余各市都有呈现下降趋势，其中下降幅度居前三位是北海市、桂林市、柳州市，分别下降了13.82个百分点、9.96个百分点、6.67个百分点。

9. 2018年广西各级民办学校教育学费收入情况比较

学校类别	学费收入/千元	学费收入占事业收入比重/%	学费收入占总收入比重/%
高等学校	2337786.23	90.40	67.85
中等职业教育	54685.26	67.49	26.89
普通高中	620100.85	85.10	71.50
普通初中	597566.13	86.69	70.10
普通小学	619406.03	84.51	61.44
特殊教育	390.94	100.00%	27.54
学前教育	4084661.57	97.74	88.61

数据来源：2018年广西教育经费统计报表。

2018年广西各级民办学校教育学费中，学费收入最高的是学前教育，为4084661.57千元，学费收入最低的是特殊教育，为390.94千元；学费收入占事业费收入比重最大的是特殊教育，为100.00%，比重最小的是中等职业教育，为67.49%；学费收入占总收入比重最大的是学前教育，为88.61%，占比最小的是中等职业教育，为26.89%。

10. 2018 年广西和全国及其他省（自治区、直辖市）一般公共预算教育经费增长与 2014 年比较

地区	一般公共预算教育经费增长/%		地区	一般公共预算教育经费增长/%	
	2014 年	2018 年		2014 年	2018 年
全国	5.47	6.93	山东	4.47	5.95
广西	7.76	1.74	河南	−0.44	12.46
北京	8.26	6.80	湖北	16.68	1.34
天津	9.22	3.09	湖南	2.87	5.17
河北	2.90	8.65	广东	10.02	11.21
山西	0.12	8.23	海南	10.74	12.80
内蒙古	3.80	3.83	重庆	9.90	10.46
辽宁	−6.26	0.97	四川	1.95	5.21
吉林	4.58	0.95	贵州	14.16	8.51
黑龙江	5.56	−1.23	云南	−0.26	8.17
上海	10.68	6.50	西藏	29.24	5.85
江苏	10.22	3.09	陕西	2.02	5.11
浙江	8.10	10.92	甘肃	6.63	4.51
安徽	12.09	9.77	青海	26.85	6.60
福建	12.88	8.63	宁夏	7.03	0.70
江西	6.50	11.61	新疆	7.25	13.02

数据来源：2014 年、2018 年教育部、国家统计局、财政部关于全国教育经费执行情况统计公告。

　　2014 年广西一般公共预算教育经费增长率在全国居第 15 位，比最高的西藏自治区低 21.48 个百分点，比最低的辽宁省高 14.02 个百分点。2018 年与 2014 年相比，一般公共预算教育经费增长率居前三位的分别是河南省、云南省、山西省，分别增长了 12.90 个百分点、8.43 个百分点、8.11 个百分点，广西下降了 6.02 个百分点，居第 24 位。

11. 2018年广西和全国及其他省（自治区、直辖市）一般公共预算教育经费增长与2017年比较

地区	一般公共预算教育经费增长/%		地区	一般公共预算教育经费增长/%	
	2017年	2018年		2017年	2018年
全国	8.01	6.93	山东	3.60	5.95
广西	7.19	1.74	河南	15.78	12.46
北京	8.32	6.80	湖北	5.85	1.34
天津	2.07	3.09	湖南	9.00	5.17
河北	11.75	8.65	广东	12.42	11.21
山西	1.73	8.23	海南	3.19	12.80
内蒙古	0.46	3.83	重庆	8.72	10.46
辽宁	2.30	0.97	四川	9.37	5.21
吉林	1.59	0.95	贵州	7.90	8.51
黑龙江	−0.15	−1.23	云南	14.42	8.17
上海	4.20	6.50	西藏	23.05	5.85
江苏	7.46	3.09	陕西	4.87	5.11
浙江	7.57	10.92	甘肃	3.39	4.51
安徽	11.16	9.77	青海	10.57	6.60
福建	7.74	8.63	宁夏	11.41	0.70
江西	11.81	11.61	新疆	8.59	13.02

数据来源：2017年、2018年教育部、国家统计局、财政部关于全国教育经费执行情况统计公告。

2017年广西一般公共预算教育经费增长在全国居第19位，比最高的西藏自治区低15.86个百分点，比最低的黑龙江高7.34个百分点。2018年与2017年相比，一般公共预算教育经费增长率居前三位的分别是海南省、山西省、新疆维吾尔自治区，分别增长了9.61个百分点、6.50个百分点、4.43个百分点，广西下降了5.45个百分点，居第28位。

12. 2018年广西与中南地区、西南地区其他省（自治区、直辖市）一般公共预算教育经费增长比较

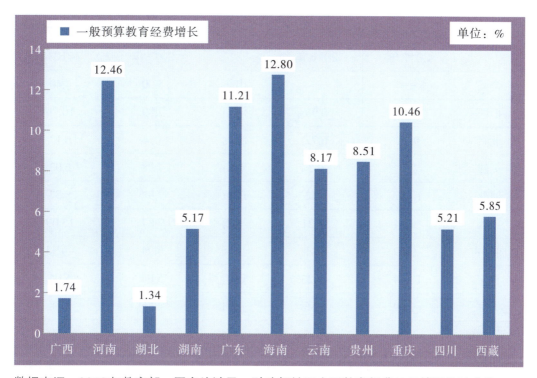

数据来源：2018年教育部、国家统计局、财政部关于全国教育经费执行情况统计公告。

　　2018年，广西一般公共预算教育经费增长率与中南地区五省相比居第5位，比最高的海南省少11.06个百分点，比最低的湖北省多0.40个百分点。在西南地区六个省级单位中，广西居第6位，比最高的重庆市少8.72个百分点。在中南地区和西南地区11个省级单位中，广西居第10位。

13. 2018年广西和全国及其他省（自治区、直辖市）财政经常性收入增长与2017年比较

地区	财政经常性收入增长/%		地区	财政经常性收入增长/%	
	2017年	2018年		2017年	2018年
全国	—	—	山东	5.00	4.40
广西	5.54	0.98	河南	7.89	10.76
北京	9.16	6.72	湖北	4.34	6.12
天津	2.51	−0.20	湖南	7.98	6.02
河北	10.57	8.42	广东	9.97	8.57
山西	29.14	15.21	海南	7.87	15.09
内蒙古	−9.69	8.81	重庆	0.94	−0.33
辽宁	18.44	−0.23	四川	5.04	5.04
吉林	−2.09	4.66	贵州	4.85	8.38
黑龙江	7.39	3.15	云南	4.21	4.09
上海	3.69	7.01	西藏	11.74	20.69
江苏	1.82	7.30	陕西	13.28	14.51
浙江	11.85	12.37	甘肃	7.82	10.65
安徽	2.41	5.99	青海	3.03	2.25
福建	4.43	5.21	宁夏	7.29	4.39
江西	5.97	7.79	新疆	4.66	13.94

数据来源：2017年、2018年教育部、国家统计局、财政部关于全国教育经费执行情况统计公告。

2018年广西财政经常性收入增长率在全国居第28位，比最高的西藏自治区低19.71个百分点，比最低的内重庆市高1.31个百分点。2017年广西财政经常性收入增长率在全国居第16位，比最高的山西生省低23.60个百分点，比最低的内蒙古自治区高15.23个百分点。2018年与2017年相比，广西财政经常性收入增长率由5.54%下降到0.98%，下降了4.56%。

14. 2018年广西与中南地区、西南地区其他省（自治区、直辖市）财政经常性收入增长比较

数据来源：2018年教育部、国家统计局、财政部关于全国教育经费执行情况统计公告。

　　2018年，广西财政经常性收入增长与中南五省相比居第6位，比最高的海南省少14.11个百分点。广西财政经常性收入增长在西南地区六个省级单位中居第5位，比最高的西藏自治区少19.71个百分点，比最低的重庆市高1.31个百分点。在中南地区和西南地区11个省级单位中，广西居第10位。

二、学前教育

1. 2018年广西各市学前教育生均一般公共预算教育事业费与2017年比较

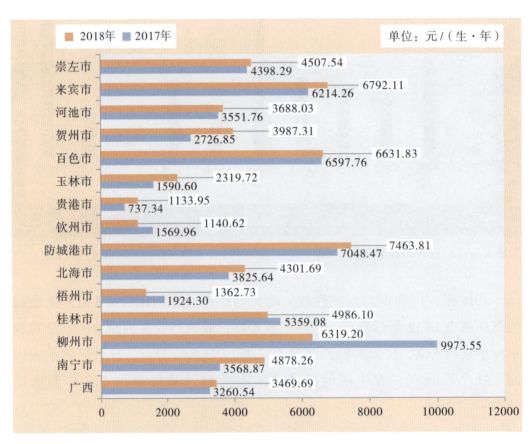

数据来源：2017年、2018年广西教育经费统计报表。

2018年，广西各市学前教育生均一般公共预算教育事业费支出居前三位的是防城港市、来宾市、百色市，分别比广西均值高3994.12元/（生·年）、3322.42元/（生·年）、3162.14元/（生·年），最高的防城港市比最低的贵港市高6329.86元/（生·年）。2017年，广西各市学前教育生均一般公共预算教育事业费支出居前三位的是柳州市、防城港市、百色市，分别比广西均值高 6713.01 元/（生·年）、3787.93 元/（生·年）、3337.22 元/（生·年），最高的柳州市比最低的贵港市高 9236.21 元/（生·年）。2018 与 2017 年相比，增长额居前三位的是南宁市、贺州市、玉林市，增长率居前三位的是贵港市、贺州市、玉林市。

2. 2018年广西各市学前教育生均一般公共预算公用经费支出与2017年比较

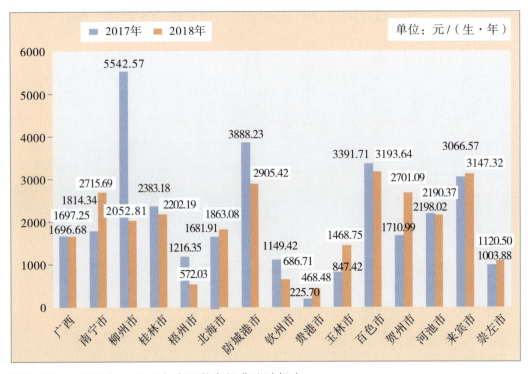

数据来源：2017年、2018年广西教育经费统计报表。

2018年，广西各市学前教育生均一般公共预算公用经费支出居前三位的是百色市、来宾市、防城港市，分别比广西均值高1496.39元/（生·年）、1450.07元/（生·年）、1208.17元/（生·年），最高的百色市比最低的贵港市高2725.16元/（生·年）。2017年，广西各市学前教育生均一般公共预算公用经费支出居前三位的是柳州市、防城港市和百色市，分别比广西均值高3845.89元/（生·年）、2191.55元/（生·年）、1695.03元/（生·年），最高的柳州市比最低的贵港市高5316.87元/（生·年）。2018年与2017年相比，增长额居前三位的是贺州市、南宁市、玉林市，增长率居前三位的是贵港市、玉林市、贺州市。

3. 2018年广西各市学前教育生均固定资产总值与2017年比较

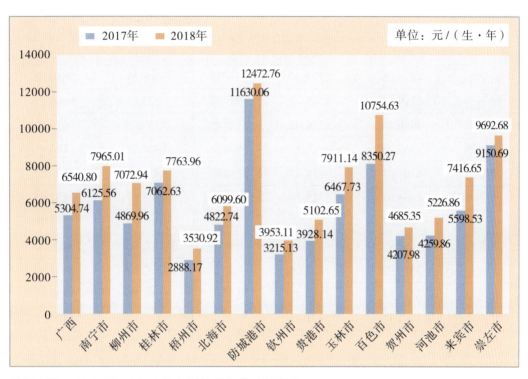

数据来源：2017年、2018年广西教育经费统计报表。

2018年，广西各市学前教育生均固定资产总值居前三位的是防城港市、百色市、崇左市，分别比广西均值高5931.96元/（生·年）、4213.83元/（生·年）、3151.88元/（生·年），最高的防城港市比最低的梧州市高8941.84元/（生·年）。2017年，广西各市学前教育生均固定资产总值居前三位的是防城港市、崇左市、百色市，分别比广西均值高6325.32元/（生·年）、3845.95元/（生·年）、3045.53元/（生·年），最高的防城港市比最低的梧州市高8741.89元/（生·年）。2018年与2017年相比，增长额居前三位的是百色市、柳州市、南宁市，增长率居前三位的是柳州市、来宾市、南宁市。

4. 2018年广西农村与城镇学前教育生均一般公共预算教育事业费与2017年比较

地区	2018年		地区	2017年	
	城镇	农村		城镇	农村
南宁市	4878.26	3729.30	南宁市	3568.87	2850.58
柳州市	6319.20	4245.48	柳州市	9973.55	6608.22
桂林市	4986.10	4539.01	桂林市	5359.08	4819.97
梧州市	1362.73	983.08	梧州市	1924.30	1186.46
北海市	4301.69	2218.83	北海市	3825.64	2138.64
防城港市	7463.81	3715.29	防城港市	7048.47	3157.63
钦州市	1140.62	813.08	钦州市	1569.96	1114.79
贵港市	1133.95	1033.16	贵港市	737.34	643.11
玉林市	2319.72	1822.06	玉林市	1590.60	1207.97
百色市	6631.83	5480.91	百色市	6597.76	4058.47
贺州市	3987.31	3591.14	贺州市	2726.85	1420.24
河池市	3688.03	3446.79	河池市	3551.76	2998.25
来宾市	6792.11	5629.02	来宾市	6214.26	4670.50
崇左市	4507.54	3504.33	崇左市	4398.29	3467.34

数据来源：2017年、2018年广西教育经费统计报表。

2018年，广西农村与城镇学前教育生均一般公共预算教育事业费支出差距居前三位的城市是防城港市、北海市、柳州市，差额分别为3748.52元/（生·年）、2082.86元/（生·年）、2073.72元/（生·年），差距最小是贵港市，差额为100.79元/（生·年）。2017年，广西农村与城镇学前教育生均一般公共预算教育事业费支出差距居前三位的城市是防城港市、柳州市、百色市，差额分别为3890.84元/（生·年）、3365.33元/（生·年）、2539.29元/（生·年），差距最小是贵港市，差额为94.23元/（生·年）。2018年与2017年相比，广西城镇学前教育生均一般公共预算教育事业费支出增长额居前三位是南宁市、贺州市、玉林市，广西农村学前教育生均一般公共预算教育事业费支出增长额居前三位是贺州市、百色市、来宾市。

5. 2018年广西农村与城镇学前教育生均一般公共预算教育事业费支出、公用经费支出比较

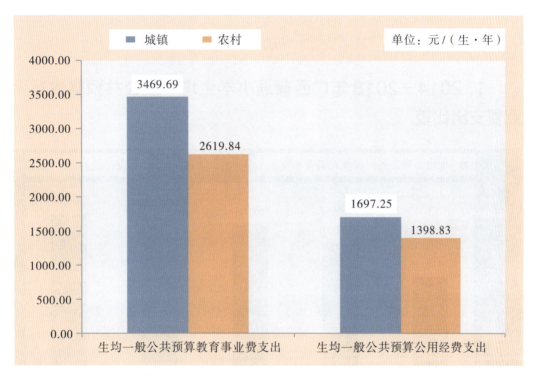

数据来源：2018年广西教育经费统计报表。

2018年，广西农村与城镇学前教育生均一般公共预算教育事业费支出分别为2619.84元/（生·年）、3469.69元/（生·年），两者相差849.85元/（生·年）；广西农村与城镇学前教育生均一般公共预算公用经费分别为1398.83元/（生·年）、1697.25元/（生·年），两者相差298.42元/（生·年）。

三、普通小学

1. 2014—2018年广西普通小学生均一般公共预算教育事业费支出比较

数据来源：2014—2018年广西教育经费统计报表。

2014年至2018年广西普通小学生均一般公共预算教育事业费支出均有所增长，比上一年度分别增加了473.57元/（生·年）、1115.40元/（生·年）、629.09元/（生·年）、207.43元/（生·年）、115.40元/（生·年），依次增长了8.65%、18.76%、8.91%、2.70%、1.46%，其中2015年的增长率最大。2018年与2014年相比，广西普通小学生均一般公共预算教育事业费支出增长率为34.77%，增长了2067.32元/（生·年），2014年至2018年的年均增长率为7.74%。

2. 2014—2018年广西普通小学生均一般公共预算公用经费支出比较

数据来源：2014—2018年广西教育经费统计报表。

　　2014年至2018年广西普通小学的生均一般公共预算公用经费支出均有所增长，分别比上一年度增加了200.14元/（生·年）、108.88元/（生·年）、300.35元/（生·年）、365.00元/（生·年）、67.57元/（生·年），依次增长了13.90%、6.64%、17.17%、17.81%、2.80%，其中2017年的增长率最大。2018年与2014年相比，广西普通小学生均一般公共预算公用经费支出增加了841.80元/（生·年），增长了51.33%，2014年至2018年的年均增长率为13.79%。

3. 2018年广西各市普通小学生均一般公共预算教育事业费支出与2014年比较

数据来源：2014年、2018年广西教育经费统计报表。

2018年，广西各市普通小学生均一般公共预算教育事业费支出居前三位的是百色市、柳州市、南宁市，分别比广西均值高2030.31元/（生·年）、1618.38元/（生·年）、1440.98元/（生·年），各市中最高的是百色市，最低的是贵港市，两者相差4958.56元/（生·年）。2014年，广西各市普通小学生均一般公共预算教育事业费支出居前三位的是桂林市、崇左市、百色市，分别比广西均值高1770.69元/（生·年）、1470.40元/（生·年）、698.35元/（生·年），各市中最高的是桂林市，最低的是钦州市，两者相差3265.43元/（生·年）。2018年与2014年相比，增长额居前三位的是南宁市、百色市、柳州市，增长率居前三位的南宁市、钦州市、柳州市。

4. 2018年广西各市普通小学生均一般公共预算教育事业费支出与2017年比较

数据来源：2017年、2018年广西教育经费统计报表。

2018年，广西各市普通小学生均一般公共预算教育事业费支出中最高的是百色市，最低的是贵港市，两者相差为4958.56元/（生·年）。2017年，广西各市普通小学生均一般公共预算教育事业费支出中最高的是百色市，最低的是贵港市，两者相差4499.06元/（生·年）。2018年与2017年相比，广西各市普通小学生均一般公共预算教育事业费支出增长额居前三位的是钦州市、南宁市和百色市，分别增加了952.96元/（生·年）、807.05元/（生·年）和462.16元/（生·年）；增长率居前三位的是钦州市、南宁市和百色市，增长率分别为16.31%、9.33%和4.82%。

5. 2018年广西各市普通小学生均公共财政预算公用经费支出与2014年比较

数据来源：2014年、2018年广西教育经费统计报表。

2018年广西各市普通小学生均一般公共预算公用经费支出居前三位的是桂林市、百色市和贺州市，分别比广西均值高773.70元/（生·年）、509.72元/（生·年）、479.29元/（生·年），最高的是桂林市，最低的是贵港市，两者相差2053.14元/（生·年）；2014年广西各市普通小学生均一般公共预算公用经费支出居前三位的是梧州市、桂林市、防城港市，分别比广西均值高662.97元/（生·年）、434.69元/（生·年）、321.86元/（生·年），最高的是梧州市，最低的是贵港市，两者相差1552.64元/（生·年）。2018年与2014年相比，增长额居前三位的是柳州市、来宾市和贺州市，分别增加了1407.81元/（生·年）、1220.83元/（生·年）和1192.88元/（生·年）；增长率居前三位的是柳州市、钦州市和来宾市，增长率分别为104.73%、75.77%和75.08%。

6. 2018年广西各市普通小学生均公共财政预算公用经费支出与2017年比较

数据来源：2017年、2018年广西教育经费统计报表。

2018年，广西各市普通小学生均一般公共预算公用经费支出最高的桂林市，最低的是贵港市，两者相差2053.14元/（生·年）。2017年，广西各市普通小学生均一般公共预算公用经费支出最高的贺州市，最低的是贵港市，两者相差2082.32元/（生·年）。2018年与2017年相比，广西各市普通小学生均一般公共预算公用经费支出增加额居前三位的是来宾市、钦州市、桂林市，分别增加了426.68元/（生·年）、414.9元/（生·年）、302.77元/（生·年）；增长率居前三位的是钦州市、来宾市和贵港市，增长率分别为27.29%、17.63%、10.48%。

7. 2018年广西农村与全区普通小学生均公共财政预算教育事业费支出、公用经费支出比较

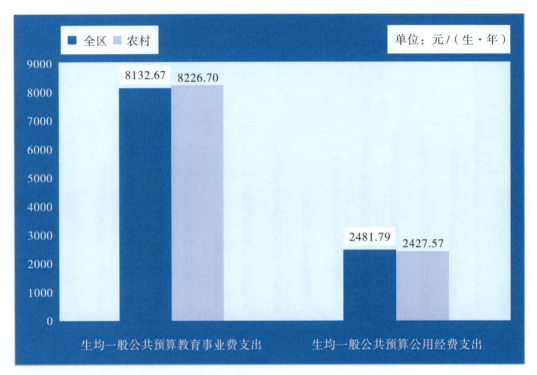

数据来源：2018年广西教育经费统计报表。

2018年，广西农村与全区普通小学生均一般公共预算教育事业费支出分别为8226.70元/（生·年）、8132.67元/（生·年），两者相差94.03元/（生·年）；广西农村与全区普通小学生均一般公共预算公用经费分别为2427.57元/（生·年）、2481.79元/（生·年），两者相差54.22元/（生·年）。

8. 2018年广西和全国及其他省（自治区、直辖市）普通小学生均公共财政预算教育事业费支出与2014年比较

单位：元/（生·年）

地区	普通小学生均公共财政预算教育事业费支出		地区	普通小学生均公共财政预算教育事业费支出	
	2014年	2018年		2014年	2018年
全国	7681.02	10566.29	山东	7253.54	9383.81
广西	5945.96	8013.28	河南	4447.63	6369.67
北京	23441.78	31375.64	湖北	7020.68	10603.83
天津	17233.85	19091.93	湖南	6363.41	8616.82
河北	5349.05	8367.82	广东	7738.55	11830.86
山西	7359.19	10365.55	海南	8825.64	12170.70
内蒙古	10181.40	13198.42	重庆	7259.92	11380.09
辽宁	8354.27	9701.50	四川	7530.41	9982.63
吉林	10192.63	13294.23	贵州	6789.79	10156.04
黑龙江	11062.98	13867.87	云南	6200.67	11479.07
上海	19519.88	21887.30	西藏	17905.94	26597.82
江苏	11175.06	12363.92	陕西	10196.97	11329.68
浙江	9811.88	15108.74	甘肃	7289.18	11040.49
安徽	6658.15	9850.91	青海	9438.49	13929.32
福建	8175.63	10519.28	宁夏	6470.11	9877.09
江西	6851.82	9201.32	新疆	11292.19	11911.58

数据来源：2014年、2018年教育部、国家统计局、财政部关于全国教育经费执行情况统计公告。

2018年，广西普通小学生均公共财政预算教育事业费支出在全国居第30位，比全国均值低2553.01元/（生·年），比最高的北京市低23362.36元/（生·年），比最低的河南省高1643.61元/（生·年）。2014年，广西普通小学生均公共财政预算教育事业费支出在全国居第29位，比全国均值低1735.06元/（生·年），比最高的北京市低17495.82元/（生·年），比最低的河南省高1498.33元/（生·年）。2018年与2014年相比，普通小学生均公共财政预算公用经费支出增加额居前三位的分别是西藏自治区、北京市、浙江省，分别增加了8691.88元/（生·年）、7933.86元/（生·年）、5296.86元/（生·年），广西增加了2067.32元/（生·年），广西增加额居全国第25位。

9. 2018年广西和全国及其他省（自治区、直辖市）普通小学生均公共财政预算教育事业费支出与2017年比较

单位：元/（生·年）

地区	普通小学生均公共财政预算教育事业费支出		地区	普通小学生均公共财政预算教育事业费支出	
	2017年	2018年		2017年	2018年
全国	10199.12	10566.29	山东	9151.57	9383.81
广西	7897.88	8013.28	河南	5759.21	6369.67
北京	30016.78	31375.64	湖北	11030.98	10603.83
天津	18683.78	19091.93	湖南	8378.07	8616.82
河北	7914.19	8367.82	广东	11267.58	11830.86
山西	10151.83	10365.55	海南	11296.31	12170.70
内蒙古	13110.02	13198.42	重庆	10533.21	11380.09
辽宁	10218.47	9701.50	四川	9620.83	9982.63
吉林	13846.91	13294.23	贵州	9753.05	10156.04
黑龙江	14383.58	13867.87	云南	10491.47	11479.07
上海	20676.54	21887.30	西藏	26246.80	26597.82
江苏	13081.57	12363.92	陕西	11016.89	11329.68
浙江	13937.07	15108.74	甘肃	10776.09	11040.49
安徽	9035.59	9850.91	青海	13191.54	13929.32
福建	10110.59	10519.28	宁夏	9503.42	9877.09
江西	8500.64	9201.32	新疆	11738.70	11911.58

数据来源：2017年、2018年教育部、国家统计局、财政部关于全国教育经费执行情况统计公告。

2018年，广西普通小学生均公共财政预算教育事业费支出在全国居第30位，比全国均值低2553.01元/（生·年），比最高的北京市低23362.36元/（生·年），比最低的河南省高1643.61元/（生·年）。2017年，广西普通小学生均公共财政预算教育事业费支出在全国居第30位，比全国均值低2301.24元/（生·年），比最高的北京市低22118.90元/（生·年），比最低的河南省高2138.67元/（生·年）。2018年与2017年相比，普通小学生均公共财政预算教育事业费支出增加额居前三位的分别是北京市、上海市、浙江省，分别增加了1358.86元/（生·年）、1210.76元/（生·年）、1171.67元/（生·年），广西增加了115.40元/（生·年），广西增加额居全国第25位。

10. 2018年广西与中南地区、西南地区其他省（自治区、直辖市）普通小学生均公共财政预算教育事业费支出比较

数据来源：2018年教育部、国家统计局、财政部关于全国教育经费执行情况统计公告。

　　2018年，普通小学生均公共财政预算教育事业费支出中，中南地区五省中最高的是海南省，最低的是河南省，两者相差5801.03元/（生·年）；广西与中南五省相比居第5位，比最高的海南省低4157.42元/（生·年），比最低的河南省高1643.61元/（生·年）。西南地区六个省级单位中最高的是西藏自治区，最低是广西，两者相差18584.54元/（生·年）；广西在西南地区六个省级单位中居第6位。在中南地区和西南地区十一个省级单位中，广西居第10位。

11. 2018年广西与全国及其他省（自治区、直辖市）普通小学生均公共财政预算公用经费支出与2014年比较

单位：元/（生·年）

地区	普通小学生均公共财政预算公用经费支出		地区	普通小学生均公共财政预算公用经费支出	
	2014年	2018年		2014年	2018年
全国	2241.83	2794.58	山东	2179.46	2219.55
广西	1639.99	2481.79	河南	2036.84	2165.32
北京	9950.95	11092.22	湖北	1642.83	3021.93
天津	3968.87	3996.50	湖南	2187.39	2410.52
河北	1439.30	2184.45	广东	1851.39	2752.85
山西	1842.46	2403.82	海南	3091.77	4508.04
内蒙古	2527.43	3164.63	重庆	2513.19	3175.72
辽宁	2445.02	2085.32	四川	1824.03	2778.17
吉林	2680.00	3064.05	贵州	1386.05	2180.27
黑龙江	2640.90	2882.02	云南	1712.94	2282.65
上海	7383.61	6396.11	西藏	6641.25	8012.37
江苏	2958.16	2649.55	陕西	3589.97	3937.98
浙江	1693.05	3360.54	甘肃	1815.62	2576.83
安徽	2364.44	2993.42	青海	3176.07	3181.28
福建	2200.61	2825.91	宁夏	2425.75	3335.59
江西	2789.24	3635.42	新疆	2587.43	2313.49

数据来源：2014年、2018年教育部、国家统计局、财政部关于全国教育经费执行情况统计公告。

2018年，广西普通小学生均公共财政预算公用经费支出在全国居第22位，比全国均值低312.79元/（生·年），比最高的北京市低8610.43元/（生·年）。2014年，广西普通小学生均公共财政预算公用经费支出在全国居第29位，比全国均值低601.84元/（生·年），比最高的北京市低8310.96元/（生·年），比最低的贵州省高253.94元/（生·年）。2018年与2014年相比，普通小学生均公共财政预算公用经费支出增加额居前三位的分别是浙江省、海南省、湖北省，分别增加了1667.49元/（生·年）、1416.27元/（生·年）、1379.10元/（生·年），广西增加了841.80元/（生·年），广西增加额居全国第10位。

12. 2018年广西与全国及其他省（自治区、直辖市）普通小学生均公共财政预算公用经费支出与2017年比较

单位：元/（生·年）

地区	普通小学生均公共财政预算公用经费支出		地区	普通小学生均公共财政预算公用经费支出	
	2017年	2018年		2017年	2018年
全国	2732.07	2794.58	山东	2242.74	2219.55
广西	2414.22	2481.79	河南	2040.36	2165.32
北京	10855.08	11092.22	湖北	2992.90	3021.93
天津	3649.46	3996.50	湖南	2472.49	2410.52
河北	1922.14	2184.45	广东	2699.99	2752.85
山西	2221.08	2403.82	海南	4277.04	4508.04
内蒙古	3122.05	3164.63	重庆	3163.34	3175.72
辽宁	2076.14	2085.32	四川	2727.46	2778.17
吉林	3177.00	3064.05	贵州	2224.97	2180.27
黑龙江	2882.82	2882.02	云南	2205.87	2282.65
上海	6474.28	6396.11	西藏	7938.50	8012.37
江苏	2896.50	2649.55	陕西	3913.37	3937.98
浙江	2939.42	3360.54	甘肃	2472.80	2576.83
安徽	2963.34	2993.42	青海	3146.54	3181.28
福建	2782.90	2825.91	宁夏	3318.43	3335.59
江西	3351.81	3635.42	新疆	2493.23	2313.49

数据来源：2017年、2018年教育部、国家统计局、财政部关于全国教育经费执行情况统计公告。

2018年，广西普通小学生均公共财政预算公用经费支出在全国居第22位，比全国均值低312.79元/（生·年），比最高的北京市低8610.43元/（生·年）。2017年，广西普通小学生均公共财政预算公用经费支出在全国居第24位，比全国均值低317.85元/（生·年），比最高的北京市低8440.86元/（生·年）。2018年与2017年相比，普通小学生均公共财政预算公用经费支出增加额居前三位的分别是浙江省、天津市、江西省，分别增加了421.12元/（生·年）、347.04元/（生·年）、283.61元/（生·年），广西增加了67.57元/（生·年），广西增加额居全国第12位。

13. 2018年广西与中南地区、西南地区其他省（自治区、直辖市）普通小学生均公共财政预算公用经费支出比较

数据来源：2018年教育部、国家统计局、财政部关于全国教育经费执行情况统计公告。

2018年，普通小学生均公共财政预算公用经费支出中，中南地区五省中最高的是海南省，最低的是河南省，两者相差2342.72元/（生·年）；广西与中南五省相比居第4位，比最高的海南省低2026.25元/（生·年），比最低的河南省高316.47元/（生·年）。西南地区六个省级单位中最高的是西藏自治区，最低的是贵州省，两者相差5832.10元/（生·年）；广西在西南地区六个省级单位中居第4位，比最高的西藏自治区低5530.58元/（生·年）。在中南地区和西南地区十一个省级单位中，广西居第7位。

四、普通初中

1. 2014—2018年广西普通初中生均一般公共预算教育事业费支出比较

数据来源：2014—2018年广西教育经费统计报表。

　　2014年至2018年，广西普通初中的生均一般公共预算教育事业费支出均有所增长，分别比上一年增加了609.83元/（生·年）、1385.37元/（生·年）、761.62元/（生·年）、521.21元/（生·年）、394.96元/（生·年），分别增长了9.03%、18.82%、8.71%、5.48%、3.94%，其中2015年的增长率最高。2018年与2014年相比，广西普通初中生均一般公共预算教育事业费支出增长了41.62%，2014年至2018年年均增长率为9.09%。

2. 2014—2018年广西普通初中生均一般公共预算公用经费支出比较

数据来源：2014—2018年广西教育经费统计报表。

2014年至2018年，广西普通初中的生均一般公共预算公用经费支出均有所增长，分别比上一年增加了114.44元/（生·年）、192.72元/（生·年）、317.97元/（生·年）、264.65元/（生·年）、76.09元/（生·年），依次增长了5.11%、8.19%、12.49%、9.24%、2.43%，其中2016年的增长率最高。2018年与2014年相比，广西普通初中生均一般公共预算公用经费支出增长了36.18%，2014年至2018年年均增长率为8.03%。

3. 2018年广西各市普通初中生均一般公共预算教育事业费支出与2014年比较

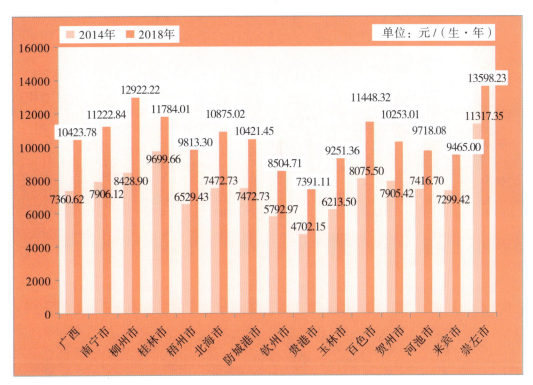

数据来源：2014年、2018年广西教育经费统计报表

2018年广西各市普通初中生均一般公共预算教育事业费支出居前三位的是崇左市、柳州市、桂林市，分别比广西均值高3174.45元/（生·年）、2498.44元/（生·年）、1360.23元/（生·年），最高的是崇左市，最低的是贵港市，两者相差6207.12元/（生·年）。2014年广西各市普通初中生均一般公共预算教育事业费支出居前三位的是崇左市、桂林市、柳州市，分别比城镇均值高3956.73元/（生·年）、2339.04元/（生·年）、1068.28元/（生·年），最高的是崇左市，最低的是贵港市，两者相差6615.20元/（生·年）。2018年与2014年相比，增长额居前三位的是柳州市、北海市、百色市，分别增加了4493.32元/（生·年）、3402.29元/（生·年）和3372.82元/（生·年）；增长率居前三位的是贵港市、柳州市、梧州市，增长率分别为57.19%、53.31%、50.29%。

4. 2018年广西各市普通初中生均一般公共预算教育事业费支出与2017年比较

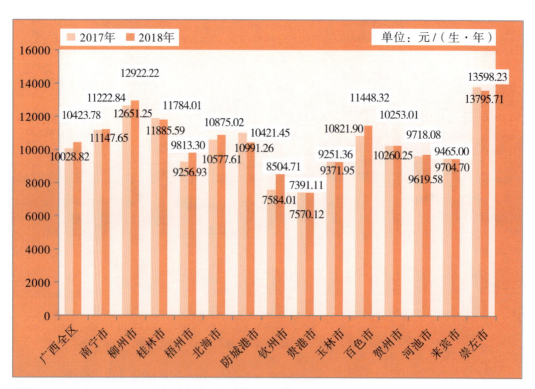

数据来源：2017年、2018年广西教育经费统计报表。

2018年广西各市普通初中生均一般公共预算教育事业费支出居前三位的是崇左市、柳州市、桂林市，分别比广西均值高3174.45元/（生·年）、2498.44元/（生·年）、1360.23元/（生·年），最高的是崇左市，最低的是贵港市，两者相差6207.12元/（生·年）。2017年广西各市普通初中生均一般公共预算教育事业费支出居前三位的是崇左市、柳州市、桂林市，分别比广西均值高3766.89元/（生·年）、2622.43元/（生·年）、1856.77元/（生·年），最高的是崇左市，最低的是贵港市，两者相差6225.59元/（生·年）。2018年与2017年相比，增长额居前三位的是钦州市、百色市、梧州市，分别增加了920.70元/（生·年）、626.42元/（生·年）和556.37元/（生·年）；增长率居前三位的是钦州市、梧州市和百色市，增长率分别为12.14%、6.01%、5.79%。

5. 2018年广西各市普通初中生均一般公共预算公用经费支出与2014年比较

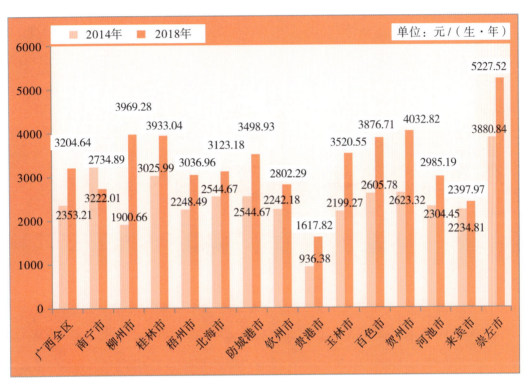

数据来源：2014年、2018年广西教育经费统计报表。

2018年广西各市普通初中生均一般公共预算公用经费支出居前三位的是崇左市、贺州市、柳州市，分别比广西均值高2022.88元/（生·年）、828.18元/（生·年）、764.64元/（生·年），最高的是崇左市，最低的是贵港市，两者相差3609.70元/（生·年）。2014年广西各市普通初中生均一般公共预算公用经费支出居前三位的是崇左市、南宁市、桂林市，分别比广西均值高1527.63元/（生·年）、868.80元/（生·年）、672.78元/（生·年），最高的是崇左市，最低的是贵港市，两者相差2944.46元/（生·年）。2018年与2014年相比，增长额居前三位的是柳州市、贺州市、崇左市，分别增加了2068.62元/（生·年）、1409.50元/（生·年）、1346.68元/（生·年）；增长率居前三位的是柳州市、贵港市、玉林市，增长率分别为108.84%、72.77%和60.08%。

6. 2018年广西各市普通初中生均一般公共预算公用经费支出与2017年比较

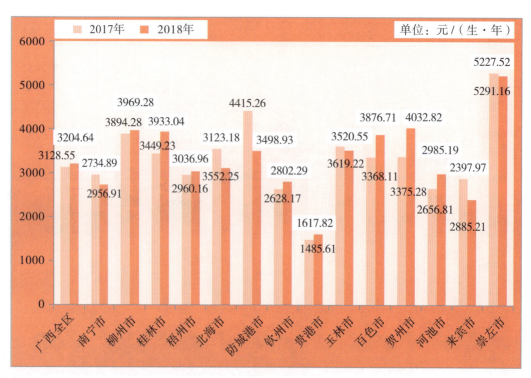

数据来源：2017年、2018年广西教育经费统计报表。

2018年广西各市普通初中生均一般公共预算公用经费支出居前三位的是崇左市、贺州市、柳州市，分别比广西均值高2022.88元/（生·年）、828.18元/（生·年）、764.64元/（生·年），最高的是崇左市，最低的是贵港市，两者相差3609.70元/（生·年）。2017年广西各市普通初中生均一般公共预算公用经费支出居前三位的是崇左市、防城港市、柳州市，分别比广西均值高2162.61元/（生·年）、1286.71元/（生·年）、765.73元/（生·年），最高的是崇左市，最低的是贵港市，两者相差3805.55元/（生·年）；2018年与2017年相比，增长额居前三位的分别是贺州市、百色市、桂林市，增长率居前三位的是贺州市、百色市、桂林市。

7. 2018年广西城镇与农村普通初中生均一般公共预算教育事业费支出、公用经费支出比较

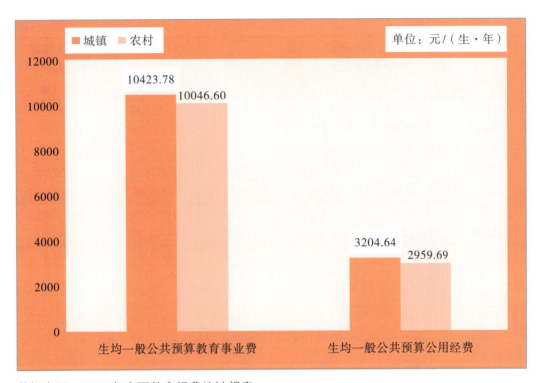

数据来源：2018年广西教育经费统计报表。

2018年，广西城镇普通初中的生均一般公共预算教育事业费支出和生均一般公共预算公用经费支出均比农村高。其中，广西城镇、农村普通初中生均一般公共预算教育事业费支出分别为10423.78元/（生·年）、10046.60元/（生·年），城镇比农村多377.18元/（生·年），高了3.75%；广西城镇、农村普通初中生均一般公共预算公用经费支出分别为3204.64元/（生·年）、2959.69元/（生·年），城镇比农村多244.95元/（生·年），高了8.28%。

8. 2018年广西和全国及其他省（自治区、直辖市）普通初中生均一般公共预算教育事业费支出与2014年比较

单位：元/（生·年）

地区	普通初中生均一般公共预算教育事业费支出		地区	普通初中生均一般公共预算教育事业费支出	
	2014年	2018年		2014年	2018年
全国	10359.33	15199.11	山东	11333.87	15493.97
广西	7360.62	10423.78	河南	7139.84	9862.89
北京	36507.21	59768.35	湖北	11347.73	17416.46
天津	26956.43	31982.56	湖南	10068.21	12803.34
河北	7749.39	11839.75	广东	9264.05	17090.30
山西	9016.90	14372.75	海南	10594.56	16165.70
内蒙古	11954.80	16468.98	重庆	9224.77	15389.89
辽宁	11163.16	13870.01	四川	9111.07	13762.47
吉林	12707.69	16965.94	贵州	6924.70	12241.82
黑龙江	12187.65	15706.44	云南	7586.92	13782.05
上海	25456.58	33284.99	西藏	16631.68	28525.15
江苏	16690.42	21525.14	陕西	12330.50	15732.04
浙江	14204.93	22125.88	甘肃	8377.71	13051.63
安徽	9210.80	15021.25	青海	11949.57	17881.64
福建	11544.45	16981.91	宁夏	9689.53	13313.32
江西	9002.57	12223.94	新疆	14452.18	18414.19

数据来源：2014年、2018年教育部、国家统计局、财政部关于全国教育经费执行情况统计公告。

2018年，广西普通初中生均一般公共预算教育事业费支出在全国居第30位，比全国均值低4775.33元/（生·年），比最高的北京市低49344.57元/（生·年），比最低的河南省高560.89元/（生·年）。2014年，广西普通初中生均一般公共预算教育事业费支出在全国居第29位，比全国均值低2998.71元/（生·年），比最高的北京市低29146.59元/（生·年），比最低的贵州省高435.92元/（生·年）。2018年与2014年相比，普通初中生均一般公共预算教育事业费支出增加额居前三位的分别是北京市、西藏自治区、浙江省，分别增加了23261.14元/（生·年）、11893.47元/（生·年）、7920.95元/（生·年），广西增加了3063.16元/（生·年），增加额居全国第28位。

9. 2018年广西和全国及其他省（自治区、直辖市）普通初中生均一般公共预算教育事业费支出与2017年比较

单位：元/（生·年）

地区	普通初中生均一般公共预算教育事业费支出		地区	普通初中生均一般公共预算教育事业费支出	
	2017年	2018年		2017年	2018年
全国	14641.15	15199.11	山东	15227.84	15493.97
广西	10028.82	10423.78	河南	8997.60	9862.89
北京	57636.12	59768.35	湖北	18635.99	17416.46
天津	30949.79	31982.56	湖南	12574.64	12803.34
河北	11441.39	11839.75	广东	16084.37	17090.30
山西	13523.76	14372.75	海南	14982.87	16165.70
内蒙古	16380.17	16468.98	重庆	14692.02	15389.89
辽宁	14564.35	13870.01	四川	13394.03	13762.47
吉林	17746.68	16965.94	贵州	11273.06	12241.82
黑龙江	15920.79	15706.44	云南	12730.79	13782.05
上海	30573.39	33284.99	西藏	27341.64	28525.15
江苏	22364.58	21525.14	陕西	15163.88	15732.04
浙江	20564.12	22125.88	甘肃	12551.12	13051.63
安徽	13239.49	15021.25	青海	16910.88	17881.64
福建	16100.38	16981.91	宁夏	12920.35	13313.32
江西	11346.21	12223.94	新疆	17949.09	18414.19

数据来源：2017年、2018年教育部、国家统计局、财政部关于全国教育经费执行情况统计公告。

　　2018年，广西普通初中生均一般公共预算教育事业费支出在全国居第30位，比全国均值低4775.33元/（生·年），比最高的北京市低49344.57元/（生·年），比最低的河南省高560.89元/（生·年）。2017年，广西普通初中生均一般公共预算教育事业费支出在全国居第30位，比全国均值低4612.33元/（生·年），比最高的北京市低47607.30元/（生·年），比最低的河南省高1031.22元/（生·年）。2018年与2017年相比，普通初中生均一般公共预算教育事业费支出增加额居前三位的分别是上海市、北京市、安徽省，分别增加了2711.60元/（生·年）、2132.23元/（生·年）、1781.76元/（生·年），广西增加了394.96元/（生·年），增加额居全国第21位。

10. 2018年广西与中南地区、西南地区其他省（自治区、直辖市）普通初中生均一般公共预算教育事业费支出比较

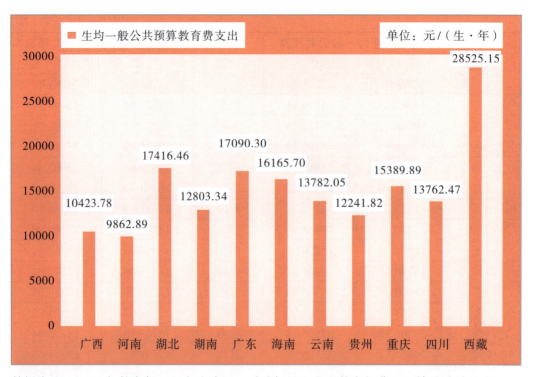

数据来源：2018年教育部、国家统计局、财政部关于全国教育经费执行情况统计公告。

　　2018年，在中南地区和西南地区十一个省级单位中，普通初中生均一般公共预算教育事业费支出最高的是西藏自治区，最低的是河南省，两者相差18662.26元/（生·年）；中南地区五省中最高的是湖北省，最低的是河南省，两者相差7553.57元/（生·年）；广西与中南地区五省相比居第5位，比最高的湖北省低6992.68元/（生·年），比最低的河南省高560.89元/（生·年）。广西在西南地区六个省级单位中居第6位，比最高的西藏自治区低18101.37元/（生·年）。在中南地区和西南地区十一个省级单位中，广西居第10位。

11. 2018年广西和全国及其他省（自治区、直辖市）普通初中生均一般公共预算公用经费支出与2014年比较

单位：元／（生·年）

地区	普通初中生均一般公共预算公用经费支出		地区	普通初中生均一般公共预算公用经费支出	
	2014年	2018年		2014年	2018年
全国	3120.81	3907.82	山东	3586.74	3555.89
广西	2353.21	3204.64	河南	3295.80	3408.06
北京	14127.64	21603.57	湖北	2308.60	4054.25
天津	6134.37	6539.07	湖南	3432.85	3377.15
河北	2121.14	2991.40	广东	2382.21	3718.49
山西	2546.16	3127.13	海南	3942.91	6359.44
内蒙古	3283.98	4137.40	重庆	3050.43	4112.83
辽宁	3404.10	2661.15	四川	2322.48	3465.34
吉林	3405.93	4344.86	贵州	1724.98	2707.25
黑龙江	3518.84	3598.08	云南	2165.66	2887.97
上海	9278.78	11329.81	西藏	4951.50	7210.51
江苏	3731.13	4198.40	陕西	4388.87	4646.86
浙江	2639.24	4966.16	甘肃	2381.58	2814.50
安徽	3328.57	4286.68	青海	4266.70	3970.72
福建	2916.11	4067.11	宁夏	4168.46	4584.84
江西	3954.21	5109.20	新疆	4238.65	4415.76

数据来源：2014年、2018年教育部、国家统计局、财政部关于全国教育经费执行情况统计公告。

2018年，广西普通初中生均一般公共预算公用经费支出在全国居第25位，比全国均值低703.18元/（生·年），比最高的北京市低18398.93元/（生·年），比最低的辽宁省高543.49元/（生·年）。2014年，广西普通初中生均一般公共预算公用经费支出在全国居第26位，比全国均值低767.60元/（生·年），比最高的北京市低11774.43元/（生·年），比最低的贵州省高628.23元/（生·年）。2018年与2014年相比，普通初中生均一般公共预算公用经费支出增加额居前三位的分别是北京市、海南省、浙江省，分别增加了7475.93元/（生·年）、2416.53元/（生·年）、2326.92元/（生·年），广西增加了851.43元/（生·年），增加额居全国第17位。

12. 2018年广西和全国及其他省（自治区、直辖市）普通初中生均一般公共预算公用经费支出与2017年比较

单位：元/（生·年）

地区	普通初中生均一般公共预算公用经费支出		地区	普通初中生均一般公共预算公用经费支出	
	2017年	2018年		2017年	2018年
全国	3792.53	3907.82	山东	3608.72	3555.89
广西	3128.55	3204.64	河南	3214.15	3408.06
北京	21282.49	21603.57	湖北	4233.65	4054.25
天津	5014.55	6539.07	湖南	3271.40	3377.15
河北	2796.80	2991.40	广东	3597.45	3718.49
山西	2895.00	3127.13	海南	6055.36	6359.44
内蒙古	4145.20	4137.40	重庆	4321.93	4112.83
辽宁	2699.83	2661.15	四川	3374.57	3465.34
吉林	4209.50	4344.86	贵州	2819.89	2707.25
黑龙江	3785.87	3598.08	云南	2877.19	2887.97
上海	9422.59	11329.81	西藏	6279.26	7210.51
江苏	4332.78	4198.40	陕西	4725.17	4646.86
浙江	4184.02	4966.16	甘肃	2724.90	2814.50
安徽	4244.80	4286.68	青海	3914.52	3970.72
福建	3861.90	4067.11	宁夏	4750.55	4584.84
江西	4603.82	5109.20	新疆	4713.46	4415.76

数据来源：2017年、2018年教育部、国家统计局、财政部关于全国教育经费执行情况统计公告。

2018年，广西普通初中生均一般公共预算公用经费支出在全国居第25位，比全国均值低703.18元/（生·年），比最高的北京市低18398.93元/（生·年），比最低的辽宁省高543.49元/（生·年）。2017年，广西普通初中生均一般公共预算公用经费支出在全国居第25位，比全国均值低663.98元/（生·年），比最高的北京市低18153.94元/（生·年），比最低的辽宁省高428.72元/（生·年）。2018年与2017年相比，普通初中生均一般公共预算公用经费支出增加额居前三位的分别是上海市、天津市、西藏自治区，分别增加了1907.22元/（生·年）、1524.52元/（生·年）、931.25元/（生·年），广西增加了76.09元/（生·年），增加额居全国第17位。

五、普通高中

1. 2018年广西城镇与农村普通高中生均一般公共预算教育事业费支出与2014年比较

单位：元/（生·年）

地区	2018年		地区	2014年	
	城镇	农村		城镇	农村
南宁市	11115.69	8757.13	南宁市	7924.74	数据缺失
柳州市	14272.09	13477.63	柳州市	9021.99	数据缺失
桂林市	13855.30	9786.82	桂林市	9081.39	数据缺失
梧州市	8550.43	7739.67	梧州市	5073.42	数据缺失
北海市	11462.06	8720.85	北海市	7556.93	数据缺失
防城港市	12377.84	14931.41	防城港市	7270.14	数据缺失
钦州市	8319.18	7128.56	钦州市	6356.00	数据缺失
贵港市	8381.00	7128.48	贵港市	4672.10	数据缺失
玉林市	7713.65	7479.41	玉林市	6048.14	数据缺失
百色市	10737.67	10295.84.	百色市	6520.59	数据缺失
贺州市	8704.51	8405.02	贺州市	5632.20	数据缺失
河池市	8773.26	7997.87	河池市	6752.69	数据缺失
来宾市	9240.85	10277.32	来宾市	6592.98	数据缺失
崇左市	8970.22	8357.11	崇左市	7011.30	数据缺失

数据来源：2014年、2018年广西教育经费统计报表。

　　2018年广西城镇与农村普通高中生均一般公共预算教育事业费差距居前三位是桂林市、北海市、南宁市，差额分别为4068.48元/（生·年）、2741.21元/（生·年）、2358.56元/（生·年），来宾市、防城港市农村普通高中生均一般公共预算教育事业费高于城镇，分别高1036.47元/（生·年）、2553.57元/（生·年）。2018年与2014年相比，广西城镇普通高中生均一般公共预算教育事业费增长率居前三位的是贵港市、防城港市、梧州市，分别增长了79.38%、70.26%、68.53%。

2. 2014—2018年广西普通高中生均一般公共预算教育事业费支出比较

数据来源：2014—2018年广西教育经费统计报表。

2015年至2018年，广西普通高中生均一般公共预算教育事业费支出均有所增加，分别比上一年度增加了1342.23元/（生·年）、1149.25元/（生·年）、569.93元/（生·年）、174.66元/（生·年），增长率分别为19.64%、14.05%、6.11%、1.76%，其中2015年的增长率最高。2014年与2018年相比，广西普通高中生均一般公共预算教育事业费支出增加了3236.07元/（生·年），2014年至2018年，增长趋势平稳，年均增长率为10.18%。

3. 2014—2018年广西普通高中生均一般公共预算公用经费支出比较

数据来源：2014—2018年广西教育经费统计报表。

2014年至2018年，广西普通高中生均一般公共预算公用经费支出有增有减，其中2015年、2016年和2017年均有所增加，分别比上一年增加了186.54元/（生·年）、647.50元/（生·年）、385.62元/（生·年），增长率分别为9.81%、31.01%、14.10%。2018年有所减少，与上一年相比减少了70.97元/（生·年），下降率为2.27%。2014年与2018年相比，广西普通高中生均一般公共预算公用经费支出增长了1148.69元/（生·年），2014年至2018年的年均增长率为12.54%。

4. 2018年广西各市普通高中生均一般公共预算内教育事业费支出与2014年比较

数据来源：2014年、2018年广西教育经费统计报表。

2018年，广西各市普通高中生均预算内教育事业费支出居前三位的是柳州市、桂林市、防城港市，分别比广西均值高4200.8元/（生·年）、3784.01元/（生·年）、2306.55元/（生·年），最高的是柳州市，最低的是玉林市，两者相差6558.44元/（生·年）。2014年，广西各市普通高中生均预算内教育事业费支出居前三位的是桂林市、柳州市、南宁市，分别比广西均值高2246.17元/（生·年）、2186.77元/（生·年）、1089.52元/（生·年），最高的是桂林市，最低的是贵港市，两者相差4409.29元/（生·年）。2018年与2014年相比，增长额居前三位的是柳州市、防城港市、桂林市，增长率居前三位的是贵港市、防城港州市、梧州市。

5. 2018年广西各市普通高中生均一般公共预算教育事业费及基本建设支出与2017年比较

数据来源：2017年、2018年广西教育经费统计报表。

2018年，广西各市普通高中生均一般公共预算教育事业费及基本建设支出居前三位的是柳州市、桂林市、南宁市，分别比广西均值高3746.50元/（生·年）、3367.96元/（生·年）、2838.72元/（生·年），最高的是柳州市，最低的是玉林市，两者相差6484.53元/（生·年）。2017年，广西各市普通高中生均一般公共预算教育事业费及基本建设支出居前三位的是防城港市、柳州市、桂林市，分别比广西均值高3911.24元/（生·年）、3628.53元/（生·年）、2217.72元/（生·年），最高的是防城港市，最低的是钦州市，两者相差6097.51元/（生·年）。2018年与2017年相比，增长额居前三位的是桂林市、来宾市、南宁市，增长率居前三位的是来宾市、桂林市、南宁市。

6. 2018年广西各市普通高中生均一般公共预算公用经费支出与2014年比较

数据来源：2014年、2018年广西教育经费统计报表。

2018年，广西各市普通高中生均一般公共预算公用经费支出居前三位的是桂林市、柳州市和防城港市，分别比广西均值高2845.63元/（生·年）、2274.21元/（生·年）、2015.97元/（生·年），最高的是桂林市，最低的是梧州市，两者相差3970.16元/（生·年）。2014年，广西各市普通高中生均一般公共预算公用经费支出居前三位的是南宁市、河池市、桂林市，分别比广西均值高1158.02元/（生·年）、755.77元/（生·年）、307.46元/（生·年），最高的是南宁市，最低的是贵港市，两者相差2608.75元/（生·年）。2018年与2014年相比，增长额居前三位的是桂林市、柳州市和防城港市，增长率居前三位的是贵港市、桂林市和防城港市。

7. 2018年广西各市普通高中生均一般公共预算公用经费支出与2017年比较

数据来源：2017年、2018年广西教育经费统计报表。

2018年广西各市普通高中生均一般公共预算公用经费支出居前三位的是桂林市、柳州市和防城港市，分别比广西普通高中的生均一般公共预算公用经费支出高2845.63元/（生·年）、2274.21元/（生·年）、2015.97元/（生·年），各市中最高的桂林市比最低的梧州市多3970.16元/（生·年）；2017年广西各市普通高中生均一般公共预算公用经费支出居前三位的是防城港市、柳州市和桂林市，分别比广西普通高中的生均一般公共预算公用经费支出高5405.76元/（生·年）、2125.33元/（生·年）、1055.67元/（生·年），各市中最高的防城港市比最低的贵港市多6967.88元/（生·年）。2018年与2017年相比，增长额居前三位的桂林市、贵港市、来宾市，增长率居前三位的是贵港市、桂林市、来宾市。

8. 2018年广西和全国及其他省（自治区、直辖市）普通高中生均一般公共预算教育事业费支出与2014年比较

单位：元/（生·年）

地区	普通高中生均一般公共预算教育事业费支出		地区	普通高中生均一般公共预算教育事业费支出	
	2014年	2018年		2014年	2018年
全国	9024.96	14955.66	山东	9060.24	14842.94
广西	6835.22	10071.29	河南	5989.64	9349.70
北京	40748.25	66083.69	湖北	7835.42	17637.32
天津	30090.12	35787.59	湖南	6799.98	12369.41
河北	7748.15	12718.18	广东	8979.99	17422.64
山西	7405.44	13477.37	海南	12147.02	18062.18
内蒙古	10613.62	15632.32	重庆	7792.64	13909.81
辽宁	8727.42	12130.21	四川	6955.99	11710.11
吉林	7939.88	11897.25	贵州	6820.40	12794.55
黑龙江	9062.28	11655.44	云南	6796.01	13330.93
上海	30819.14	39236.64	西藏	20187.23	29688.46
江苏	14642.12	25450.90	陕西	9119.50	14234.64
浙江	13772.12	26376.78	甘肃	6677.62	11745.22
安徽	6669.11	11954.00	青海	11726.99	17430.23
福建	9595.11	16568.33	宁夏	8622.80	13756.83
江西	9241.34	12941.55	新疆	11991.78	15738.27

数据来源：2014年、2018年教育部、国家统计局、财政部关于全国教育经费执行情况统计公告。

2018年，广西普通高中生均一般公共预算教育事业费支出在全国居第30位，比全国均值低4884.37元/（生·年），比最高的北京市低56012.4元/（生·年），比最低的河南省高721.59元/（生·年）。2014年，广西普通高中生均一般公共预算教育事业费支出在全国居第25位，比全国均值低2189.74元/（生·年），比最高的北京市低33913.03元/（生·年），比最低的河南省高845.58元/（生·年）。2018年与2014年相比，普通高中生均一般公共预算教育事业费支出增加额居前三位的分别是北京市、浙江省、江苏省，依次增加了25335.44元/（生·年）、12604.66元/（生·年）、10808.78元/（生·年），广西增加了3236.07元/（生·年），增加额居全国第30位。

9. 2018年广西和全国及其他省（自治区、直辖市）普通高中生均一般公共预算教育事业费支出与2017年比较

单位：元/（生·年）

地区	普通高中生均一般公共预算教育事业费支出		地区	普通高中生均一般公共预算教育事业费支出	
	2017年	2018年		2017年	2018年
全国	13768.92	14955.66	山东	13483.70	14842.94
广西	9896.63	10071.29	河南	8149.18	9349.70
北京	61409.06	66083.69	湖北	16371.65	17637.32
天津	34527.91	35787.59	湖南	11494.65	12369.41
河北	12098.74	12718.18	广东	15642.56	17422.64
山西	11738.74	13477.37	海南	16846.79	18062.18
内蒙古	14874.78	15632.32	重庆	12847.76	13909.81
辽宁	11950.73	12130.21	四川	10950.32	11710.11
吉林	11758.63	11897.25	贵州	10637.85	12794.55
黑龙江	11844.07	11655.44	云南	11687.76	13330.93
上海	38966.34	39236.64	西藏	32086.14	29688.46
江苏	23902.20	25450.90	陕西	13001.71	14234.64
浙江	23965.22	26376.78	甘肃	11040.72	11745.22
安徽	10300.82	11954.00	青海	15581.08	17430.23
福建	14830.89	16568.33	宁夏	12613.25	13756.83
江西	11891.58	12941.55	新疆	14471.04	15738.27

数据来源：2017年、2018年教育部、国家统计局、财政部关于全国教育经费执行情况统计公告。

2018年，广西普通高中生均一般公共预算教育事业费支出在全国居第30位，比全国均值低4884.37元/（生·年），比最高的北京市低56012.4元/（生·年），比最低的河南省高721.59元/（生·年）。2017年，广西普通高中生均一般公共预算教育事业费支出在全国居第30位，比全国均值低3872.29元/（生·年），比最高的北京市低51512.43元/（生·年），比最低的河南省高1747.45元/（生·年）。2018年与2017年相比，普通高中生均一般公共预算教育事业费支出增加额居前三位的分别是北京市、浙江省、贵州省，分别增加了4674.63元/（生·年）、2411.56元/（生·年）、2156.7元/（生·年），广西增加了174.66元/（生·年），增加额居全国第28位。

10. 2018年广西与中南地区、西南地区其他省（自治区、直辖市）普通高中生均一般公共预算教育事业费支出比较

数据来源：2018年教育部、国家统计局、财政部关于全国教育经费执行情况统计公告。

2018年，在中南地区和西南地区十一个省级单位中，普通高中生均一般公共预算教育事业费支出最高的为西藏自治区，最低的为河南省，两者相差20338.76元/（生·年）。中南地区五省中最高的是海南省，最低的是河南省，两者相差8712.48元/（生·年）。广西与中南五省相比居第5位，比最高的海南省低7990.89元/（生·年），比最低的河南省高721.59元/（生·年）。西南地区六个省级单位中最高的是西藏自治区，最低的是广西壮族自治区，两者相差19617.17元/（生·年）。在中南地区和西南地区十一个省级单位中，广西居第10位。

11. 2018年广西和全国及其他省(自治区、直辖市)普通高中生均一般公共预算公用经费支出与2014年比较

单位: 元/(生·年)

地区	普通高中生均一般公共预算公用经费支出		地区	普通高中生均一般公共预算公用经费支出	
	2014年	2018年		2014年	2018年
全国	2699.59	3646.99	山东	2622.95	2886.26
广西	1901.42	3050.11	河南	2750.93	2974.21
北京	16716.08	22721.41	湖北	1817.91	4519.77
天津	10411.54	9180.46	湖南	1714.12	2812.44
河北	2207.91	2613.09	广东	2252.67	3311.77
山西	1925.44	3289.05	海南	5650.56	7959.71
内蒙古	3585.17	4394.22	重庆	2986.64	3728.06
辽宁	2611.08	2423.27	四川	1593.19	2412.76
吉林	2201.63	2937.82	贵州	1885.49	3812.37
黑龙江	2686.51	2597.36	云南	2033.19	2673.04
上海	9380.18	11030.73	西藏	7713.26	6392.22
江苏	3441.98	4991.66	陕西	3546.90	4899.17
浙江	2621.07	5651.57	甘肃	1686.31	2319.70
安徽	2176.56	2476.75	青海	4208.30	3779.45
福建	1775.48	3647.46	宁夏	2638.88	3927.91
江西	4598.84	5418.26	新疆	3085.98	2957.05

数据来源: 2014年、2018年教育部、国家统计局、财政部关于全国教育经费执行情况统计公告。

2018年,广西普通高中生均一般公共预算公用经费支出在全国居第19位,比全国均值低596.88元/(生·年),比最高的北京市低19671.3元/(生·年),比最低的甘肃省高730.41元/(生·年)。2014年,广西普通高中生均一般公共预算公用经费支出在全国居第25位,比全国均值低798.17元/(生·年),比最高的北京市低14814.66元/(生·年),比最低的四川省高308.23元/(生·年)。2018年与2014年相比,普通高中生均一般公共预算公用经费支出增加额居前三位的分别是北京市、浙江省、湖北省,分别增加了6005.33元/(生·年)、3030.5元/(生·年)、2701.86元/(生·年),广西增加了1148.69元/(生·年),增加额居全国第12位。

12. 2018年广西和全国及其他省（自治区、直辖市）普通高中生均一般公共预算公用经费支出与2017年比较

单位：元/（生·年）

地区	普通高中生均一般公共预算公用经费支出		地区	普通高中生均一般公共预算公用经费支出	
	2017年	2018年		2017年	2018年
全国	3395.59	3646.99	山东	2640.64	2886.26
广西	3121.08	3050.11	河南	2725.60	2974.21
北京	21677.24	22721.41	湖北	4022.59	4519.77
天津	8078.09	9180.46	湖南	2471.96	2812.44
河北	2596.72	2613.09	广东	3241.87	3311.77
山西	2639.79	3289.05	海南	7603.57	7959.71
内蒙古	4196.31	4394.22	重庆	3628.18	3728.06
辽宁	2326.41	2423.27	四川	2414.65	2412.76
吉林	2818.22	2937.82	贵州	2716.22	3812.37
黑龙江	2684.55	2597.36	云南	2390.66	2673.04
上海	11327.40	11030.73	西藏	8263.90	6392.22
江苏	4348.54	4991.66	陕西	4712.26	4899.17
浙江	5077.41	5651.57	甘肃	2295.03	2319.70
安徽	2442.42	2476.75	青海	3624.62	3779.45
福建	3047.95	3647.46	宁夏	3256.53	3927.91
江西	4977.34	5418.26	新疆	3180.97	2957.05

数据来源：2017年、2018年教育部、国家统计局、财政部关于全国教育经费执行情况统计公告。

2018年，广西普通高中生均一般公共预算公用经费支出在全国居第19位，比全国均值低596.88元/（生·年），比最高的北京市低19671.3元/（生·年），比最低的甘肃省高730.41元/（生·年）。2017年，广西普通高中生均一般公共预算公用经费支出在全国居第17位，比全国均值低274.51元/（生·年），比最高的北京市低18556.16元/（生·年），比最低的甘肃省高826.05元/（生·年）。2018年与2017年相比，普通高中生均一般公共预算公用经费支出增加额居前三位的分别是天津市、贵州省、北京市，分别增加了1102.37元/（生·年）、1096.15元/（生·年）、1044.17元/（生·年），广西降低了70.97元/（生·年），增加额居全国第27位。

13. 2018年广西与中南地区、西南地区其他省市（自治区、直辖市）普通高中生均一般公共预算公用经费支出比较

数据来源：2018年教育部、国家统计局、财政部关于全国教育经费执行情况统计公告。

　　2018年，在中南地区和西南地区十一个省级单位中，普通高中生均一般公共预算公用经费支出最高的是海南省，最低的是四川省，两者相差5546.95元/（生·年）。中南地区五省中最高的是海南省，最低的是湖南省，两者相差5147.27元/（生·年）。广西与中南五省相比居第4位，比最高的海南省低4909.6元/（生·年），比最低的湖南省高237.67元/（生·年）。西南地区六个省级单位中最高的是西藏自治区，最低的是四川省，两者相差3979.46元/（生·年）；广西在西南区中居第4位，比最高的西藏自治区低3342.11元/（生·年），比最低的四川省高637.35元/（生·年）。在中南地区和西南地区十一个省级单位中，广西居第7位。

六、中等职业教育

1. 2018年广西中等职业教育生均一般公共预算教育事业费支出、公用经费支出与2017年比较

数据来源：2017年、2018年教育部、国家统计局、财政部关于全国教育经费执行情况统计公告。

　　2018年与2017年相比，广西中等职业教育生均一般公共预算教育事业费支出减少了320.14元/（生·年），降低了3.23%；生均一般公共预算公用经费支出减少了409.65元/（生·年），降低了8.74%；生均一般公共预算公用经费的降低幅度大于生均一般公共预算教育事业费支出的降低幅度。

2. 2018年广西各市中等职业教育生均一般公共预算教育事业费支出与2017年比较

数据来源：2017年、2018年广西教育经费统计报表。

2018年广西各市中等职业教育生均一般公共预算教育事业费支出居前三位的崇左市、桂林市、河池市，分别比广西平均水平高7994.07元/（生·年）、3190.77元/（生·年）、3033.06元/（生·年），各市中最高的崇左市比最低的贵港市多10217.22元/（生·年）。2018年与2017年相比，增长额居前三位的是南宁市、梧州市、河池市，分别增长了1284.32元/（生·年）、1190.59元/（生·年）、645.44元/（生·年），增长率居前三位的是梧州市、南宁市、河池市，分别为15.76%、14.60%、5.39%。

3. 2018年广西各市中等职业教育生均一般公共预算公用经费支出与2017年比较

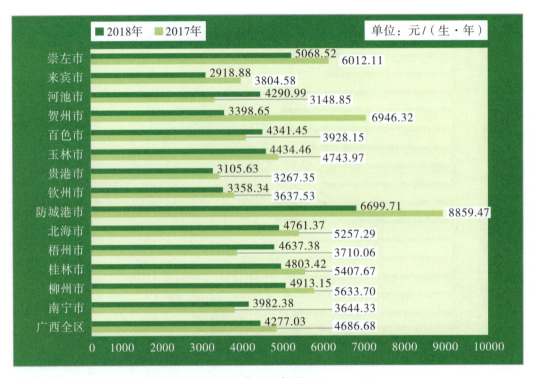

数据来源：2017年、2018年广西教育经费统计报表。

2018年广西各市中等职业教育生均一般公共预算公用经费支出居前三位的防城港市、崇左市、柳州市，分别比广西均值高2422.68元/（生·年）、791.49元/（生·年）、636.12元/（生·年），最高的是防城港市，最低的是来宾市，两者相差3780.83元/（生·年）。2018年与2017年相比，增长额居前三位的河池市、梧州市、百色市，分别是1142.14元/（生·年）、927.32元/（生·年）、413.30元/（生·年），增长率居前三位的是河池市、梧州市、百色市，分别是36.27%、24.99%、10.52%。

4. 2018年广西与全国及其他省市（自治区、直辖市）中等职业教育生均一般公共预算教育事业费支出与2017年比较

单位：元/（生·年）

地区	中等职业教育生均一般公共预算教育事业费支出		地区	中等职业教育生均一般公共预算教育事业费支出	
	2018年	2017年		2018年	2017年
全国	14200.66	13272.66	山东	15330.06	14128.45
广西	9586.82	9906.96	河南	9344.37	8422.64
北京	53861.27	53256.01	湖北	15853.65	16252.87
天津	23144.82	22927.18	湖南	10846.82	9931.20
河北	15359.98	14111.66	广东	15045.53	13861.44
山西	15950.94	15119.20	海南	13399.03	13570.72
内蒙古	18739.01	16962.34	重庆	11600.99	11409.22
辽宁	12436.51	11907.28	四川	11406.43	10636.98
吉林	24428.63	25260.35	贵州	6781.25	6451.44
黑龙江	17196.39	16395.69	云南	11616.88	10859.93
上海	30035.26	29080.01	西藏	37335.01	44896.55
江苏	16926.50	15701.15	陕西	11850.56	9928.49
浙江	21546.33	19688.74	甘肃	17276.12	13958.83
安徽	11895.19	10985.90	青海	16329.21	12933.28
福建	17500.62	16120.95	宁夏	14948.38	13269.54
江西	12766.45	10705.40	新疆	12785.24	12421.88

数据来源：2017年、2018年教育部、国家统计局、财政部关于全国教育经费执行情况统计公告。

2018年，广西中等职业教育生均一般公共预算教育事业费支出在全国居第29位，比全国均值低4613.84元/（生·年），比最高的北京市低44274.45元/（生·年），比最低的贵州省高2805.57元/（生·年）。2018年与2017年相比，中等职业教育生均一般公共预算教育事业费支出增加额居前三位的分别是青海省、甘肃省、江西省，分别增加了3395.93元/（生·年）、3317.29元/（生·年）、2061.05元/（生·年），广西降低了320.14元/（生·年），增加额居全国第28位。

5. 2018年广西与中南地区、西南地区（自治区、直辖市）其他省市中等职业学校生均一般公共预算教育事业费支出比较

数据来源：2018年教育部、国家统计局、财政部关于全国教育经费执行情况统计公告。

2018年，在中南地区和西南地区十一个省级单位中，中等职业学校生均一般公共预算教育事业费支出最高的是西藏自治区，最低的是贵州省，两者相差30553.76元/（生·年）；中南地区五省中最高的是湖北省，最低的是河南省，两者相差6509.28元/（生·年）；广西与中南五省相比居第5位，比最高的湖北省低6266.83元/（生·年），比最低的河南省高242.45元/（生·年）。西南地区六个省级单位中最高的是西藏自治区，最低的是贵州省，两者相差30553.76元/（生·年）；广西比最高的西藏自治区低27748.19元/（生·年），比最低的贵州省高2805.57元/（生·年）。在中南地区和西南地区十一个省级单位中，广西居第9位。

6. 2018年广西与全国及其他省市（自治区、直辖市）中等职业教育生均一般公共预算公用经费支出与2017年比较

单位：元/（生·年）

地区	中等职业教育生均一般公共预算公用经费支出		地区	中等职业教育生均一般公共预算公用经费支出	
	2018年	2017年		2018年	2017年
全国	5205.53	4908.30	山东	5360.10	5109.01
广西	4277.03	4686.68	河南	4135.60	3811.34
北京	21712.91	25370.60	湖北	6712.97	7103.60
天津	5689.45	4494.85	湖南	3915.00	3675.52
河北	4890.83	4004.38	广东	4925.49	4694.61
山西	5293.28	5258.33	海南	6612.78	7129.19
内蒙古	6728.74	5851.69	重庆	4789.23	4935.81
辽宁	4059.18	4243.96	四川	4232.59	3972.25
吉林	8083.49	8105.51	贵州	2401.63	2617.41
黑龙江	4881.82	4651.87	云南	3975.62	3503.52
上海	11250.53	9379.08	西藏	15421.00	21023.13
江苏	5274.56	4915.91	陕西	4263.52	3314.37
浙江	6890.98	6247.93	甘肃	7371.85	4765.71
安徽	5274.26	5030.22	青海	8920.69	6569.56
福建	6589.68	6197.99	宁夏	8643.55	7451.16
江西	6336.66	5003.90	新疆	4758.88	4687.03

数据来源：2017年、2018年教育部、国家统计局、财政部关于全国教育经费执行情况统计公告。

2018年，广西中等职业教育生均一般公共预算公用经费支出在全国居第24位，比全国均值低928.50元/（生·年），比最高的北京市低17435.88元/（生·年），比最低的贵州省高1875.40元/（生·年）。2018年与2017年相比，中等职业教育生均一般公共预算公用经费支出增加额居前三位的分别是甘肃省、青海省、上海市，分别增加了2606.14元/（生·年）、2351.13元/（生·年）、1871.45元/（生·年），广西降低了409.65元/（生·年），增加额居全国第28位。

7. 2018年广西与中南地区、西南地区其他省市（自治区、直辖市）中等职业学校生均一般公共预算公用经费支出比较

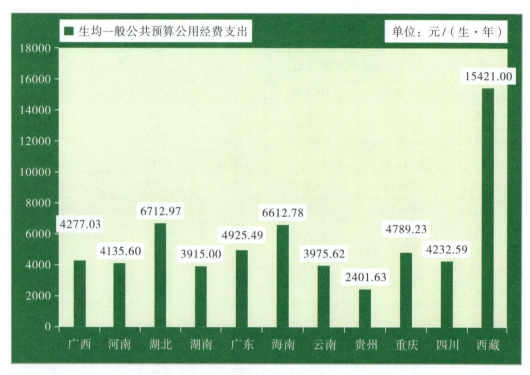

数据来源：2018年教育部、国家统计局、财政部关于全国教育经费执行情况统计公告。

2018年，在中南地区和西南地区十一个省级单位中，中等职业学校生均一般公共预算公用经费支出最高的是西藏自治区，最低的是贵州省，两者相差13019.37元/（生·年），中南地区五省中最高的是湖北省，最低的是湖南省，两者相差2797.97元/（生·年）；广西与中南五省相比居第4位，比最高的湖北省少2435.94元/（生·年），比最低的湖南省多362.03元/（生·年）。西南地区六个省级单位中最高的是西藏自治区，最低的是贵州省，两者相差13019.37元/（生·年）；广西比最高的西藏自治区低11143.97元/（生·年），比最低的贵州省多1875.40元/（生·年）。在中南地区和西南地区十一个省级单位中，广西居第6位。

七、高等教育

1. 2014—2018年广西普通高校生均一般公共预算教育事业费支出比较

数据来源：2014—2018广西教育经费统计报表。

2015年、2017年广西普通高校生均一般公共预算教育事业费支出比上一年均有所增加，分别增加了2694.06元/（生·年）、1750.64元/（生·年），分别增长了21.06%、12.18%。但2014年较2013年下降了587.13元/（生·年），降幅为4.39%。2016年较2015年下降了1114.86元/（生·年），降幅为7.20%。2018年较2017年下降了2270.24元/（生·年），降幅为14.08%。2018年与2014年相比，广西普通高校生均一般公共预算教育事业费支出增加了1059.60元/（生·年），年均增长2.01%。

2. 2014—2018年广西普通高校生均一般预算公用经费支出比较

数据来源：2014—2018广西教育经费统计报表。

　　2015年和2017年广西普通高校生均一般公共预算公用经费支出有所增长，分别比上一年度增加了1799.28元/（生·年）、2281.88元/（生·年），分别增长了26.86%、27.18%。但2016年、2018年比上一年均有所减少，分别减少了103.60元/（生·年）、2549.15元/（生·年），下降率依次为1.22%、23.87%。2018年与2014年相比，广西普通高校生均一般公共预算公用经费支出增加了1428.41元/（生·年），年均增长率为4.95%。

3. 2018年广西与全国及其他省（自治区、直辖市）普通高校生均一般公共预算教育事业费支出与2014年比较

单位：元/（生·年）

地区	普通高校生均一般公共预算教育事业费支出		地区	普通高校生均一般公共预算教育事业费支出	
	2014年	2018年		2014年	2018年
全国	16102.72	20973.62	山东	11962.63	14528.41
广西	12794.96	13854.56	河南	12231.98	14225.61
北京	58548.41	58805.03	湖北	11086.72	17188.08
天津	18667.98	22865.22	湖南	12337.59	14860.36
河北	12292.61	17338.51	广东	14361.68	25877.26
山西	11715.30	13885.41	海南	13951.93	22465.09
内蒙古	17682.18	19008.88	重庆	13119.07	15457.62
辽宁	12888.56	14160.34	四川	11623.22	14907.11
吉林	13784.20	18319.26	贵州	13093.56	19490.04
黑龙江	13039.42	16211.66	云南	11570.24	15333.31
上海	27111.70	36405.47	西藏	22714.97	37281.68
江苏	15728.38	20461.88	陕西	12731.51	16032.15
浙江	14868.84	20779.55	甘肃	12179.37	20700.95
安徽	11235.56	15466.38	青海	13397.21	33795.03
福建	13427.79	19471.36	宁夏	17948.27	25120.93
江西	12701.09	17446.78	新疆	14289.26	18182.49

数据来源：2014年、2018年教育部、国家统计局、财政部关于全国教育经费执行情况统计公告。

2018年，广西普通高校生均一般公共预算教育事业费支出在全国居第31位，比最高的北京市低44950.47元/（生·年）。2018年与2014年相比，生均一般公共预算教育事业费支出增长额居前三位的分别是青海省、西藏自治区、广东省，分别增长了20397.82元/（生·年）、14566.71元/（生·年）、11515.58元/（生·年），广西增长了1059.60元/（生·年），在全国居第30位；生均一般公共预算教育事业费支出增长率居前三位的分别是青海省、广东省、甘肃省，分别增长了152.25%、80.18%、69.97%，广西增长了8.28%，在全国居第29位。

4. 2018年广西与全国及其他省（自治区、直辖市）普通高校生均一般公共预算教育事业费支出与2017年比较

单位：元/（生·年）

地区	普通高校生均一般公共预算教育事业费支出		地区	普通高校生均一般公共预算教育事业费支出	
	2017年	2018年		2017年	2018年
全国	20298.63	20973.62	山东	13769.62	14528.41
广西	16124.80	13854.56	河南	13741.99	14225.61
北京	63805.40	58805.03	湖北	16842.55	17188.08
天津	23422.18	22865.22	湖南	13945.66	14860.36
河北	17134.71	17338.51	广东	24149.23	25877.26
山西	13659.81	13885.41	海南	17942.13	22465.09
内蒙古	18654.08	19008.88	重庆	15226.00	15457.62
辽宁	13252.89	14160.34	四川	13983.05	14907.11
吉林	17973.10	18319.26	贵州	17781.19	19490.04
黑龙江	15379.91	16211.66	云南	15424.55	15333.31
上海	33711.72	36405.47	西藏	34070.32	37281.68
江苏	20274.76	20461.88	陕西	16115.35	16032.15
浙江	20113.29	20779.55	甘肃	19841.84	20700.95
安徽	14389.81	15466.38	青海	25439.03	33795.03
福建	19164.75	19471.36	宁夏	25080.97	25120.93
江西	14680.65	17446.78	新疆	17207.82	18182.49

数据来源：2017年、2018年教育部、国家统计局、财政部关于全国教育经费执行情况统计公告。

　　2018年，广西普通高校生均一般公共预算教育事业费支出在全国居第31位，比最高的北京市低44950.47元/（生·年）。2018年与2017年相比，生均一般公共预算教育事业费支出增长额居前三位的分别是青海省、海南省、西藏自治区，分别增长了8356.00元/（生·年）、4522.96元/（生·年）、3211.36元/（生·年），广西减少了2270.24元/（生·年），在全国居第30位；生均一般公共预算教育事业费支出增长率居前三位的分别是青海省、海南省、江西省，分别增长了32.85%、25.21%、18.84%，广西减少了14.08%，在全国居第31位。

5. 2018年广西与中南地区、西南地区其他省（自治区、直辖市）普通高校生均一般公共预算教育事业费支出比较

数据来源：2018年教育部、国家统计局、财政部关于全国教育经费执行情况统计公告。

2018年，广西普通高校生均一般公共预算教育事业费支出与中南地区五省相比最低，居第5位，比最高的广东省少12022.70元/（生·年）。广西普通高校生均一般公共预算教育事业费支出在西南地区六个省级单位中最低，居第6位，比最高的西藏自治区少23427.12元/（生·年）。在中南地区和西南地区十一个省级单位中，广西居第11位。

6. 2018年广西与全国及其他省（自治区、直辖市）普通高校生均一般公共预算公用经费支出与2014年比较

单位：元/（生·年）

地区	普通高校生均一般公共预算公用经费支出		地区	普通高校生均一般公共预算公用经费支出	
	2014年	2018年		2014年	2018年
全国	7637.97	8825.89	山东	4559.01	3618.13
广西	6699.62	8128.03	河南	6510.68	7004.25
北京	34710.96	26795.81	湖北	3864.77	6870.05
天津	10224.68	13111.17	湖南	6278.24	5263.54
河北	6520.68	6849.58	广东	5546.02	10642.29
山西	5227.05	5601.03	海南	7637.47	12819.70
内蒙古	7153.14	8235.08	重庆	8181.15	6425.05
辽宁	7309.70	6157.47	四川	5484.51	5281.80
吉林	5810.11	9130.99	贵州	6086.65	7870.77
黑龙江	5266.34	5029.11	云南	5080.44	5359.37
上海	17831.19	18685.12	西藏	6738.22	11902.34
江苏	6940.78	8662.96	陕西	6886.48	7584.50
浙江	6579.33	8423.11	甘肃	7706.92	13163.03
安徽	6701.01	7456.43	青海	4442.74	20550.93
福建	6918.24	10085.74	宁夏	8313.68	11828.51
江西	6178.38	6099.85	新疆	5655.15	6495.14

数据来源：2014年、2018年教育部、国家统计局、财政部关于全国教育经费执行情况统计公告。

2018年，广西普通高校生均一般公共预算公用经费支出在全国居第15位，比最高的北京市低18667.78元/（生·年），比最低的山东省高4509.90元/（生·年）。2018年与2014年相比，生均一般公共预算公用经费支出增长额居前三位的分别是青海省、甘肃省、海南省，分别增加了16108.19元/（生·年）、5456.11元/（生·年）、5182.23元/（生·年），广西增加了1428.41元/（生·年），居第14位。生均一般公共预算公用经费支出增长率居前三位的分别是青海省、广东省、湖北省，分别增长了362.57%、91.89%、77.76%，广西增长了21.32%，居第14位。

7. 2018年广西与全国及其他省（自治区、直辖市）普通高校生均一般公共预算公用经费支出与2017年比较

单位：元/（生·年）

地区	普通高校生均一般公共预算公用经费支出		地区	普通高校生均一般公共预算公用经费支出	
	2017年	2018年		2017年	2018年
全国	8506.02	8825.89	山东	3536.26	3618.13
广西	10677.18	8128.03	河南	7112.47	7004.25
北京	32126.86	26795.81	湖北	6747.58	6870.05
天津	13382.15	13111.17	湖南	4194.51	5263.54
河北	7834.22	6849.58	广东	10254.16	10642.29
山西	5585.81	5601.03	海南	9758.56	12819.70
内蒙古	6741.17	8235.08	重庆	7209.91	6425.05
辽宁	5249.98	6157.47	四川	5069.07	5281.80
吉林	8153.47	9130.99	贵州	6542.64	7870.77
黑龙江	5469.38	5029.11	云南	5061.68	5359.37
上海	18146.62	18685.12	西藏	8709.98	11902.34
江苏	8420.73	8662.96	陕西	6519.85	7584.50
浙江	9297.02	8423.11	甘肃	12293.51	13163.03
安徽	6773.80	7456.43	青海	12760.45	20550.93
福建	9694.83	10085.74	宁夏	11496.18	11828.51
江西	5127.55	6099.85	新疆	5533.82	6495.14

数据来源：2017年、2018年教育部、国家统计局、财政部关于全国教育经费执行情况统计公告。

　　2018年，广西普通高校生均一般公共预算公用经费支出在全国居第15位，比最高的北京市少18667.78元/（生·年），比最低的山东省多4509.90元/（生·年）。2018年与2017年相比，生均一般公共预算公用经费支出增长额居前三位的分别是青海省、西藏自治区、海南省，分别增加了7790.48元/（生·年）、3192.36元/（生·年）、3061.14元/（生·年），广西减少了2549.15元/（生·年），居第30位。生均一般公共预算公用经费支出增长率居前三位的分别是青海省、西藏自治区、海南省，分别增长了61.05%、36.65%、31.37%，广西降低了23.87%，居第31位。

8. 2018年广西与中南地区、西南地区其他省（自治区、直辖市）普通高校生均一般公共预算公用经费支出比较

数据来源：2018年教育部、国家统计局、财政部关于全国教育经费执行情况统计公告。

2018年，广西普通高校生均一般公共预算公用经费支出与中南地区五省相比居第3位，比最高的海南省少4691.67元/（生·年），比最低的湖南省多2864.49元/（生·年）。广西普通高校生均一般公共预算公用经费支出在西南地区六个省级单位中居第2位，比最高的西藏自治区少3774.31元/（生·年），比最低的四川省多2846.23元/（生·年）。在中南地区和西南地区十一个省级单位中，最高的海南为12819.70元/（生·年），最低的湖南省为5263.54元/（生·年），两者相差7556.16元/（生·年），广西为8128.03元/（生·年），居第4位。